Santiago Roth

**Entstehung und Alter der Pampasformation in Argentinien**

Santiago Roth

**Entstehung und Alter der Pampasformation in Argentinien**

ISBN/EAN: 9783743382350

Hergestellt in Europa, USA, Kanada, Australien, Japan

Cover: Foto ©ninafisch / pixelio.de

Manufactured and distributed by brebook publishing software (www.brebook.com)

Santiago Roth

**Entstehung und Alter der Pampasformation in Argentinien**

# Beobachtungen

über

## Entstehung und Alter

der

# Pampasformation

in

# Argentinien

von

**Santiago Roth**

---

Mit Tafel XXII u. XXIII.

---

### Sonderabdruck

aus der Zeitschrift der deutschen geologischen Gesellschaft

Jahrgang 1888

# Bemerkung.

Beiliegende Karte habe ich Anfangs des Jahres 1886 nach den neuesten Spezialkarten, topographischen Plänen und eigenen Beobachtungen entworfen. Da seither verschiedene neue Eisenbahnen gebaut worden sind, habe ich dieselben nachträglich eingetragen. Die Höhenmaasse südlich von Buenos-Aires sind den Eisenbahnplänen entnommen, diejenigen nördlich von Buenos-Aires dem neuen Atlas der argentinischen Republik. Die Karte war in grösserem Maassstabe gehalten, konnte aber in diesem Format nicht in die Zeitschrift der deutschen geologischen Gesellschaft aufgenommen werden, wesshalb viele Détails gestrichen werden mussten. Bei der Verkleinerung ist der Maassstab nicht richtig reducirt worden. Die Maass-Scala von angeblich 200 km hat genau die Länge welche 100 km zukommt: man lese also 10 km statt 20, 20 statt 40 u. s. f.

(Abdruck a. d. Zeitschr. d. Deutsch. geolog. Gesellschaft, Jahrg. 1888.)

# 1. Beobachtungen über Entstehung und Alter der Pampasformation in Argentinien.

Von Herrn SANTIAGO ROTH in San Nicolas.

Hierzu Tafel XXII u. XXIII.

## I. Das Delta des Parana.

**Allgemeines.** Das Terrain, von dem ich hier berichten will, zieht sich zu beiden Seiten des Parana entlang bis nach dem Städtchen La Paz in der Provinz Entre Rios. Die linke Seite des Parana, also die Provinz Entre Rios, habe ich nur etwa 50 km landeinwärts durchforscht, während ich die rechte bis nach Bahia Blanca kreuz und quer durchreist und durchforscht habe. In diesem Erdstrich treten mit Ausnahme der Sierren de Tandil und de la Ventana nur drei von einander verschiedene Formationen auf. Auf der westlichen Seite des Parana befindet sich die sogenannte Pampasformation, auf der östlichen die Meeres- oder Deltabildung von Entre Rios und zwischen diesen beiden, etwas tiefer eingesenkt, das Delta des heutigen Parana.

**Ausdehnung.** Die Länge des Parana-Deltas vom Zusammenfluss des Parana und Uruguay bis nach La Paz beträgt beinahe 600 km, womit jedoch nicht gesagt sein soll, dass dasselbe hier aufhört. Seine Breite variirt zwischen 25—50 km. Bevor der Parana in den La Plata mündet, verbindet er sich mit dem Delta des Uruguay und erreicht hier eine Breite von über 100 km. Dieses Delta, hier allgemein Islas genannt, bildet eine fast horizontale Ebene, mit dem gleichen Gefälle wie der Parana, nämlich von La Paz bis zur Mündung des La Plata 30 m, und bildet gleichsam eine breite Rinne zwischen dem Deltagebilde von Entre Rios und der Pampasformation. Zu beiden Seiten befinden sich die sogenannten Barrancas. Barranca heisst zwar Schlucht; hier versteht man aber darunter einen Terrassen-Absturz[1]). Auf der rechten Seite bildet dieselbe meistens eine steile, nackte Wand von durchschnittlich 20 m Höhe, um welche die Pampas-Ebene höher liegt als das Delta des Parana. Die Barranca auf der Seite von Entre Rios ist bedeutend höher, indem sie an verschiedenen Stellen eine Höhe von 50 m erreicht; sie bildet aber weniger eine fortlaufende Wand, da sie mehr von Thälern unterbrochen wird, fällt auch meistens nicht so steil ab wie die auf der rechten Seite und ist an vielen Stellen bewaldet. Diese Barrancas, die ich bei jeder einzelnen Formation eingehender behandeln werde, sind für den Geologen von grösstem Werth, da ihm hier auch die unteren Schichten zugänglich sind, welche im Innern des Landes meistens von anderen Schichten überlagert werden.

Kanäle und Lagunen. Das Delta wird von unzähligen Kanälen nach allen Richtungen durchkreuzt. Der Hauptkanal fliesst zuerst bis etwas unterhalb der Ortschaft Diamante mehr der Barranca von Entre Rios entlang, durchkreuzt da das Delta und tritt bei der Einmündung des Carcarañá an die Barranca der Pampasformation heran, in deren Nähe er bleibt bis nach der Ortschaft San Pedro, wo er sich wieder mehr nach der Mitte hinzieht und in mehrere Arme zertheilt, von denen einige in den Rio Urugnay münden. Dieser Hauptkanal verzweigt sich zwar beständig in verschiedene Arme, zwischen denen sich kleine Inseln befinden, dieselben fliessen aber gewöhnlich nach kurzem Laufe wieder zusammen; bloss vereinzelte grössere, schiffbare Arme trennen sich ganz vom Hauptkanal ab. Diejenigen, welche sich oberhalb Diamante abzweigen, strömen der Küste der Provinz Santa Fé, diejenigen, welche sich unterhalb dieser Ortschaft abtrennen, der Provinz Entre Rios zu, und fliessen dann, erst nachdem sie viele hundert kleine Arme abgesandt und wieder aufgenommen haben, wieder in einen Hauptkanal zusammen.

Die Ufer dieser grossen und kleinen Kanäle sind gewöhnlich etwas höher als das übrige Land und mit Bäumen, Sträuchern und Schlingpflanzen so bewachsen, dass sie nur mit Mühe zu durchdringen sind; es sind dies jedoch nur schmale Streifen zu beiden Seiten des Flusses, während das innere Land mit hohem Schilf bewachsen ist und unzählige Lagunen enthält. Diese Lagunen sind gewöhnlich von geringer Tiefe; die meisten trocknen im Sommer bei ganz niedrigem Wasserstande des Parana aus

---

[1]) Ich habe die Barrancas auf der Karte Taf. XXII angegeben.

und füllen sich wieder mit Wasser, sobald der Fluss anschwillt und über die Ufer tritt.

Ueberschwemmungen. Dieses Delta ist wie das des Nils periodischen Ueberschwemmungen unterworfen, die aber nie plötzlich auftreten. Da das Wasser sich beim Anschwellen des Flusses auf einer so breiten Fläche und in so viele Lagunen vertheilen muss, so vergehen wenigstens acht Tage von der Zeit an, da das Steigen des Flusses von Corrientes aus telegraphisch gemeldet wird, bis man es in San Nicolas bemerkt, und auch dann geht das Steigen des Wassers noch immer sehr langsam vor sich. Dasselbe fängt gewöhnlich im November an und erreicht die grösste Höhe im April und Mai, während der niedrigste Wasserstand im September und October, manchmal auch noch im November eintritt. Es giebt nicht selten Jahre, wo der Unterschied zwischen dem niedrigsten und höchsten Wasserstand über 6 m beträgt. Im Jahre 1868 konnte man sogar mit ziemlich grossen Schiffen überall von den Barrancas der Provinz Buenos Aires aus quer über das Delta weg nach der Provinz Entre Rios fahren. Dies ist aber auch der höchste Wasserstand, den ich während meines 22-jährigen Aufenthaltes beobachtet habe. In gewöhnlichen Jahren ragen die höchsten Ufer des Stromes und seiner Arme noch über das Wasser empor, während dasselbe über die niedrigen hinfliesst und das innere, tiefer gelegene Land überfluthet, sodass nur noch das hohe Schilf, die Bäume an den Ufern und die von den Isleros sogenannten Cerritos aus dem Wasser hervorschauen.

Indianer-Grabstätten. Die Cerritos sind künstliche Erhöhungen, welche gewöhnlich eine Indianer-Grabstätte bergen. Da die Indianer keine Werkzeuge zum Graben besassen, so legten sie ihre Todten auf die Oberfläche der Erde, fügten ihre Hinterlassenschaft hinzu und bedeckten dann alles mit Erde, die sie leicht zusammenscharren konnten. Wenn wieder Jemand starb, legten sie ihn darauf und deckten ihn wieder zu. Auf diese Weise entstanden nach und nach grosse Hügel, auf welchen die heutigen Inselbewohner mit Vorliebe ihre Hütten aufschlagen, da dieselben am längsten vor der Ueberschwemmung geschützt sind, leider zum Schaden des Anthropologen, weil dadurch gewöhnlich die Schätze vernichtet werden, welche diese Grabstätten für denselben bergen.

Mitunter treten auch, und zwar sowohl bei niedrigem wie bei hohem Wasserstande, in kürzester Frist kleinere Anschwellungen des Wassers ein, die von durch den Wind verursachten Stauungen in der La Plata-Mündung herrühren und hier Repuntes genannt werden. Diese sind aber gewöhnlich nur von kurzer Dauer. Es scheint, dass grosse Ueberschwemmungen in früheren Zeiten nicht so häufig und stark auftraten wie heute, da man auf den Inseln sehr häufig Stellen findet, wo die Indianer ihre festen Wohnsitze hatten, wo sie ihre Töpferwaaren verfertigten, überhaupt ihre Arbeiten verrichteten und ihre Todten beerdigten, während solche Spuren auf dem Festlande sehr selten angetroffen werden.

Erhöhung des Delta's. Diese Indianerwohnstätten bieten uns die besten Anhaltspunkte, um die Erhöhung des Delta's während eines Jahrhunderts berechnen zu können. Diese ist aber keineswegs so bedeutend, wie man glauben sollte, wenn man die ungeheure Menge Schlamm in Betracht zieht, welche der Parana auch beim niedrigsten Wasserstande mit sich führt. Das Wasser ist beständig von dem mitgeführten Material gelb gefärbt und nie so klar, dass man auf den Grund sehen kann, wenn es auch nur 1 Fuss tief ist. Trotzdem darf die Ablagerung von Schlamm und anderem Material über das ganze Delta, seitdem die Indianer aus diesen Gegenden vertrieben wurden, also seit etwa 300 Jahren, kaum auf 1 Fuss veranschlagt werden, da die Spuren der Thätigkeit dieses Volkes im Innern des Landes von einer nicht 1 Fuss mächtigen Schlammschicht überlagert sind. Freilich kann in einem Jahre eine Sandbank oder Insel von bedeutender Ausdehnung und Mächtigkeit angeschwemmt oder weggeschwemmt werden, und es finden solche Veränderungen im Hauptkanal auch beständig statt. Diese haben aber mit der Erhöhung des Deltas wenig oder nichts zu thun, da nur das bei den alljährlichen Ueberschwemmungen über die Ufer der Flussarme in's Innere der Inseln dringende Wasser das mitgeführte Material ablagert und das Delta erhöht.

Beschaffenheit der Schichten. Das Delta besteht hauptsächlich aus Schichten von gelbem, grauem und blauem Letten, die trocken sehr fest, hart und rissig werden. Sie lassen sich mit Wasser zu einem Teige kneten, der sich seifenartig anfühlt. Zwischen diesen Lettenschichten befinden sich abwechselnd sandiger Thon und Bänke von reinem Sand. Alle diese Schichten enthalten einen grossen Procentsatz organischer Stoffe. Geröllstücke von der Grösse einer Hasclnuss werden im Innern nirgend gefunden, dagegen sind nicht selten Geröll- und Felsstücke, die sich von den Barrancas abgelöst haben, in der Nähe derselben im Schlamm eingelagert. Der Grund, auf dem diese Schichten ruhen, ist so gut wie nicht bekannt, in der Nähe der Barrancas aber natürlich auf dem Gestein, aus welchem diese bestehen. Wie weit hinaus dasselbe reicht, ist jedoch nicht ermittelt. Die Barrancas fallen meist steil und tief ab, wie dies da ersichtlich ist, wo der Hauptkanal sie bespült. Bohrungen, die bei einem Hafenbau in San Nicolas vorgenommen wurden, ergaben in einer Tiefe von 25 m noch immer dieselbe Abwechselung von Letten und Sand wie an der Oberfläche; man stiess nirgends auf Pampas-Löss, obschon diese Bohrungen kaum 100 m von der Barranca entfernt vorgenommen wurden.

Fauna. In diesen Schichten habe ich bis in eine Tiefe von etwa 7 m, die des Wassers wegen allein zugänglich ist, nur Reste von solchen Thieren gefunden, welche noch heute in diesem Gebiete leben, mit Ausnahme von Brackwasser - Muschelbänken. Fälschlicher Weise wird San Nicolas als die nördlichste und höchste Grenze für das Vorkommen dieser Bänke im Delta des Parana angegeben. Im ganzen Partido San Nicolas ist keine solche Bank vorhanden; die nördlichste, die ich kenne, befindet sich etwa eine Stunde unterhalb San Pedro. Von dort an traf ich diese Bänke immer von Strecke zu Strecke bis nach Buenos Aires und der Meeresküste entlang bis nach Bahia Blanca. In San Pedro bestehen sie ausschliesslich aus der Muschel *Azara labiata*, die noch heute dort vorkommt, wo sich das Salzwasser mit dem Süsswasser im Parana mischt. In der Nähe von Buenos Aires und der Meeresküste entlang sind diese Muscheln mit wirklichen Salzwasser-Muscheln gemischt. In der Gegend von Bahia Blanca haben DARWIN und andere Forscher mit diesen Muscheln zusammen Reste von ausgestorbenen Landsäugethieren gefunden, die häufig in der Pampasformation vorkommen, weshalb man dieser ganzen Ablagerung das nämliche Alter geben wollte. Diese Ansicht wurde aber vielfach bestritten und in neuerer Zeit ganz besonders von Herrn AMEGHINO widerlegt. Dass diese Muscheln zur Zeit, als die Glyptodonten und Megatheriden noch lebten, auch schon vorgekommen sein mögen, will ich nicht bestreiten, dass aber diese Muschelbänke im Delta des Parana in einer viel jüngeren Zeit, als diese Thiere längst ausgestorben waren, abgelagert wurden, steht ausser Zweifel. Sie befinden sich überall im Delta des Parana kaum 1 m unter der Oberfläche, im Pampaslöss hingegen ist nirgends eine Spur von solchen zu finden. Es beweist dies genügend, dass sie ganz der Neuzeit angehören und sich zur Zeit ihrer Ablagerung bei San Pedro das Salzwasser mit dem Süsswasser gemischt hat.[1]

Wir haben hier auch die Erklärung, weshalb das Delta unterhalb San Pedro etwas höher über dem heutigen Wasser-

---

[1] In der Nähe einer solchen Muschelbank ist hier auch das Skelett eines Wallfisches aufgefunden worden.

spiegel des Parana liegt, als weiter oben. Da jene untere Gegend längere Zeit beständig unter Wasser war, lagerte sich natürlich daselbst eine mächtigere Schicht Schlammes ab als da, wo das Land nur periodisch überschwemmt wurde. Um das Vorkommen der fraglichen Bänke bei San Pedro zu erklären, wird nun von den meisten Forschern angenommen, dass sich das Land zu jener Zeit ein wenig gesenkt und später wieder gehoben habe. AMEGHINO[1]) giebt an, dass die Muschelbänke bei San Pedro 30 m über dem heutigen Wasserspiegel des Parana liegen. Wenn diese Angabe richtig wäre, so müsste ein grosser Theil der Pampas unter Wasser gestanden haben, da z. B. der höchste Punkt der Pampasformation bei San Nicolas nicht einmal 30 m über dem Niveau des Parana liegt, und man würde dann die betreffenden Bänke nicht nur in den Buchten finden. In Wirklichkeit sind sie bei mittlerem Wasserstand nur etwa 2 m über dem Wasserniveau; beim höchsten Wasserstande sind sie ganz unter Wasser.

Von Säugethieren sind nur *Hydrochoerus* und *Myopotamus bonaerensis* die eigentlichen Bewohner des Deltas; alle anderen halten sich nur bei niedrigem Wasserstande des Parana hier auf.

BURMEISTER nennt die Ablagerungen dieses Deltas Aluviones und zählt dazu auch die 2 Fuss mächtige Humusschicht, welche über dem Pampaslöss abgelagert ist, obschon dieselbe ihre Entstehung ganz anderen Ursachen verdankt. Es ist ganz ausser Zweifel, dass die Schichten des Deltas aus Material entstanden sind, welches der Parana gebracht hat, und zwar stammt das Wenigste aus den Gebirgen. Das Wasser des Parana ist viel weniger trübe in Paraguay als unterhalb Corrientes und wird immer trüber, je häufiger es kleine Flüsschen aus dem Flachlande aufnimmt; ja der meiste Sand, der unterhalb Diamante sich absetzt, stammt aus dem Delta von Entre Rios, welches wir später kennen lernen werden, und war also schon einmal von Flüssen in einem Delta abgelagert worden. Die Humusschicht über dem Pampaslöss hat mit dieser Ablagerung gar nichts gemein; ich werde dieselbe zusammen mit der Pampasformation behandeln, von der sie nicht zu trennen ist.

## II. Die Pampasformation.

**Ausdehnung und Mächtigkeit.** Die Pampas bilden ein Flachland, welches mehr oder weniger die gleiche Neigung hat wie die Flüsse, welche dasselbe durchziehen. So erhebt sich in der Nähe von Santa Fé eine gleich mächtige Lössschicht über dem Wasserniveau des Parana wie bei Buenos Aires, obschon der

---

[1]) „Formacion Pampeana", 1881, p. 160.

Wasserspiegel bei Santa Fé etwa 30 m höher liegt. In demjenigen Theil der Pampasformation, welchen ich durchforscht habe, befinden sich die höchst gelegenen Punkte in der Nähe von Cordoba und der Sierren de Tandil und de la Ventana, während die am tiefsten gelegenen Stellen, mit Ausnahme der Meeresküste, bei der Ortschaft Dolores in der Provinz Buenos Aires vorkommen [1]).

Einen wie grossen Flächenraum die Pampasformation einnimmt, ist noch nicht festgestellt; derselbe wird jedoch von den meisten Autoren viel zu hoch veranschlagt. Die meisten zählen das ganze Flachland von Argentinien und Uruguay zur Pampasformation. BURMEISTER [2]) schreibt : „Unter dem aschgrauen, sandigen Thon (dies bezieht sich auf sein Aluvium) befindet sich in der ganzen argentinischen Republik eine Schicht von rothgelbem, sandigem Thon von 10 bis 60 Fuss Mächtigkeit, welche man die Pampasformation genannt, die aber, sowohl ihrer Zusammensetzung wegen, als auch weil sie über den ganzen Boden der Republik verbreitet ist, zu dem Diluvium der alten Geologen gehört."

AMEGHINO geht in seiner „Formacion Pampeana" noch viel weiter, indem er nicht nur einen grossen Theil von Argentinien, sondern auch einen Theil der Banda Oriental, Paraguay, Chile, Bolivia, Peru, Brasilien, überhaupt alle Gegenden, wo fossile Reste von solchen Thieren gefunden wurden, welche in der Pampasformation vorkommen, zu derselben zählt. Ich meinerseits lasse dahingestellt, wie weit sich dieselbe ausbreitet, und es betrifft alles, was ich von dieser Formation sage, nur die Gegend, welche ich durchforscht und auf der beigegebenen Karte als solche angegeben habe.

In der ganzen Fläche befindet sich mit Ausnahme der Sierren de la Ventana und de Tandil keine Erhöhung des Terrains, die für einen Hügel angesehen werden könnte. Wohl ist das Land in vielen Gegenden wellenförmig, doch erreicht keine dieser Erhöhungen 20 m. Nur den grösseren Flüssen entlang befinden sich Barrancas, die über 20 m hoch sind; es sind dies aber, wie bereits gezeigt worden, nicht sowohl Erhöhungen des Terrains, als vielmehr Abhänge, um deren Höhe das Flussbett tiefer liegt. Die bedeutendste dieser Barrancas ist diejenige, welche sich dem Parana entlang hinzieht, doch befinden sich auch zu

---

[1]) Die Höhen sind auf der beigegebenen Karte (Taf. XXII) in Metern angegeben.
[2]) „Anales del Museo Publico" I, p. 100.

beiden Seiten der Arroyos (Bäche) solche von oft mehreren Metern Höhe.

Die Mächtigkeit der Pampasformation ist noch nicht ermittelt. Nach Burmeister beträgt dieselbe im Allgemeinen 10 bis 60 Fuss, nach Ameghino 10—20 m. Aguirre[1]) sagt, dass in Buenos Aires diese Schicht 50 m, in Merlo 35 m, in Mercedes 25 m, in Chacabuco 15 m betrage, und es würde nach ihm die Pampasformation nach Westen hin an Mächtigkeit abnehmen. Durch die Güte des Gobernadors der Penitenciaria in Buenos Aires wurde mir Gelegenheit geboten, das Gestein zu sehen, welches der Bohrer beim Graben des artesischen Brunnens daselbst zu Tage gefördert. Dasselbe war sehr sorgfältig und übersichtlich geordnet und mit Angabe der Mächtigkeit der Schichten versehen. Ich habe davon Notiz genommen und lasse das Resultat hier folgen:

| | | |
|---|---|---|
| 1. Pampaslöss . . . . . . . . . . | 18,67 | m |
| 2. Bläulich gelber, sandiger Thon, ähnlich dem lacustren Mergel . . . . . . | 3,64 | „ |
| 3. Thon, ähnlich dem vorigen, blos weniger sandig . . . . . . . . . . | 0,80 | „ |
| 4. Pampaslöss, etwas sandiger als gewöhnlich | 3,15 | „ |
| 5. Graulich weisser Thon, ähnlich dem lacustren Mergel . . . . . . . . | 2,10 | „ |
| 6. Sehr sandiger Thon, sonst ähnlich dem vorigen . . . . . | 1,00 | „ |
| 7. Sand. | | |
| 8. Sand mit Thon gemischt, der Sand vorwiegend . . . . . | 0,17 | „ |
| 9. Plastischer Thon . . . . . | 0,90 | „ |
| 10. Sand . . . . . . . . . . | 0,58 | „ |
| 11. Sandiger Thon, bei dem der Thon überwiegt . . . . . . . . | 0,60 | „ |
| 12. Sand mit Thon gemischt . . | 0,20 | „ |
| 13. Thon . . . | 2,80 | „ |
| 14. Sandiger Thon . . . . . | 1,10 | „ |
| 15. Plastischer, sehr dunkler Thon | 2,40 | „ |
| 16. Sandiger Thon . . . | 3,35 | „ |
| 17. Sehr feiner Sand . . . . . . | 2,84 | „ |
| 18. Grober Sand mit Kies gemengt . . . | 6,00 | „ |
| | 50,30 | m |

---

[1]) „Constitucion Geologica de la Prov. Buenos Aires", p. 31.

Demnach wäre das Pampasgestein, wenn man auch noch alle Uebergangsschichten bis zur 7. Schicht dazu rechnet, hier noch nicht 28 m mächtig, und es würden sich, auch wenn man annimmt, dass der höchste Punkt von Buenos Aires noch ungefähr 7 m höher liegt als die Penitenciaria, noch kaum 35 m ergeben. Natürlich wird der Untergrund, auf dem das Pampasgestein ruht, nirgends eine ganz wagerechte Fläche bilden; da, wo AGUIRRE seine Messung vorgenommen hat, müsste derselbe wenigstens 15 m tiefer liegen. In San Nicolas habe ich an mehreren Stellen, wo der Parana die Barrancas bespült, dieselben bis in eine Tiefe von 30 m untersuchen können und immer noch das nämliche Gestein gefunden; hier muss es noch bedeutend mächtiger sein, da es in der Nähe eines anderen Gesteins gewöhnlich mit demselben bis zu einem gewissen Grade gemischt ist. In Maipu, welches nur 15 m über dem Meere liegt, hatte man nach AGUIRRE bis in eine Tiefe von 100 m Sondirungen vorgenommen und immer noch das nämliche Gestein getroffen.

Der Untergrund, auf dem der Löss ruht, ist noch nicht erforscht. Einige Autoren glauben sich zu der Annahme berechtigt, dass er überall auf einer Meeresablagerung von Sand ruhe, erstens, weil sich in Entre Rios über dem marinen Sande eine Lössschicht befindet, zweitens, weil man beim Graben von artesischen Brunnen in Buenos Aires unter dem Löss auf eine ähnliche Sandschicht kam, und drittens, weil im Süden der Löss in eine solche Schicht übergeht. Diese Thatsachen berechtigen aber durchaus nicht zu einer solchen Annahme. In der Nähe des Städtchens La Paz in Entre Rios befindet sich eine Lössschicht unter dem marinen Sande, die nach BURMEISTER beim Graben eines artesischen Brunnens in Buenos Aires ebenfalls unter dem marinen Sande gefunden worden ist. Eine ähnliche rothe Lössschicht, wie ich sie oberhalb La Paz unter dem marinen Sande beobachtete, tritt auch in Pergamino und San Nicolas an einigen Stellen zu Tage.

Petrographische Beschaffenheit der Pampasformation. Die Pampasformation besteht aus einer Humus- und einer Lössschicht. Auf dem Profil 1 (Taf. XXIII) stellt die Schicht No. 1 die oberste Lage dar, die je nach der Localität dicker oder dünner ist, im Durchschnitt aber von 1 — 2 Fuss variirt. Nur in seltenen Fällen sieht man, wo sie aufhört, da sie gewöhnlich ganz allmählich in den Löss übergeht. Sie besteht aus einer sehr humusreichen Ackererde, gewöhnlich kurzweg Humus genannt, welchen Namen ich beibehalten will. Derselbe ist je nach der Oertlichkeit mehr oder weniger mit Sand gemischt, der gewöhnlich so fein ist, dass die Körner mit blossem Auge kaum wahrgenommen werden, jedoch enthält er selten so viel desselben, dass er, zu einem Teige geknetet, sich nicht seifenartig anfühlte und sich nicht zu Thongeräthen und Ziegeln verwenden liesse. Unter dem Mikroskop lassen sich kleine Körnchen von Quarz und Feldspath und Lamellen von Glimmer erkennen. In dieser Schicht trifft man, wenn auch seltener als in den nachfolgenden Abtheilungen, lacustre Ablagerungen von einem weisslich grauen Mergel. Wenn man die Schicht No. 1 durchgräbt, so kommt man allmählich, ohne dass man den Uebergang gewahr wird, auf ein hellgelbes, feinerdiges Gestein, das von den neueren Forschern, welche über das betreffende Gebiet geschrieben haben, als Löss bezeichnet worden ist. Ich will diesen Namen beibehalten, obschon das Gestein der Pampasformation von demjenigen, welches man in der Schweiz als Löss bezeichnet hat, ziemlich verschieden ist. Der Löss, welchen ich in der Schweiz kennen gelernt habe, ist ein sehr sandhaltiger Thon, der ungemein locker gelagert ist und hie und da Kalkconcretionen enthält.

Wir haben in gewissen Gegenden der Pampas, z. B. in der Nähe von Cordoba, auch sehr sandhaltigen Löss. Dort wie hier befinden sich Lagen von reinem Sand dazwischen. Im ganz reinen Löss, welcher die Hauptmasse der Pampasformation bildet, sind keine Sandkörner wahrzunehmen, oder doch nur bei ziemlich starker Vergrösserung. Der Sandgehalt des Lösses wechselt übrigens sehr nach den Localitäten; den Grund hiervon werden wir später kennen lernen. Genaue petrographische Untersuchungen des Lösses der verschiedenen Gegenden der Pampasformation sind meines Wissens bis jetzt nicht gemacht worden. DOERING hat Lössproben von Cordoba, Villa Maria und Rosario untersucht und am ersten Orte 85, am zweiten 61, am dritten 59 pCt. unverwitterte (ich möchte sagen „nicht zersetzte") Gesteinssplitterchen darin gefunden. In Cordoba hatten die grössten Sandkörner 2 mm, in Villa Maria 0,15—0,02 mm und in Rosario 0,04—0,08 mm Durchmesser.

Der Löss des obersten Theiles der Pampasformation (Profil I, Schicht 2 auf Taf. XXIII), welcher in San Nicolas 3—10 m mächtig ist, besteht aus einem sehr homogenen, ungemein feinen, staubartigen Material, in welchem spärlich Kalkconcretionen (Lössknollen) vorkommen, welche hier Toscas genannt werden. Das spärliche Vorkommen der Toscas wird wohl dem geringen Procentsatz des im Löss enthaltenen Kalkes zuzuschreiben sein. Es giebt Gegenden, wo er, mit verdünnter Schwefelsäure behandelt, nicht einmal aufbraust. Er liegt locker und zerfällt in trockenem Zustande beim Graben zu Staub; auch ist er sehr porös und von feinen Kanälchen durchzogen, die wahrscheinlich von den durch Verwesung verloren gegangenen Wurzeln der Pflanzen herrühren. Diesen Kanälchen wird es zuzuschreiben sein, dass der Löss das Wasser wie ein Schwamm aufsaugt; kurze Zeit nach dem stärksten Regenguss ist er an der Oberfläche wieder trocken und zeigt auch bei der grössten Trockenheit niemals Risse. Der Löss dieser Schicht fühlt sich etwas sandig an, lässt sich nicht oder nur schwer zu einem Teige kneten und wird zu Töpferwaaren gar nicht, zu Ziegeln nur selten verwendet. Es rührt diese Eigenschaft des Lösses aber nicht von seiner mineralischen Zusammensetzung her. Der reine Löss dieser Schicht besteht aus den nämlichen mineralischen Substanzen wie die Humuserde, nur dass er jeder organischen Beimischung entbehrt und keine Sandkörner mehr wahrnehmen lässt. Der Grund wird darin liegen, dass der feine Mineralstaub zu ganz kleinen, sehr harten Klümpchen zusammengekittet ist, die wie Sandkörnchen anzufühlen sind. Dieser Mineralstaub ist so fein, dass ihn das Wasser durch die Poren der harten Knochenrinde in den Hohlräumen der Knochen ablagert. Die Erde, die man in den fossilen Knochen findet, ist nicht von dem dieselben umgebenden Löss zu unterscheiden. Ich erinnere mich nicht, diese Ablagerung, die gewöhnlich die Unebenheiten der darunter liegenden Schicht ausfüllt, geschichtet gefunden zu haben; wohl aber befinden sich in ihr dann und wann Ablagerungen von grünlichem Mergel, die ich später eingehender behandeln werde.

Auch die Schicht No. 2 geht allmählich in die darunter liegende Lössschicht über (Profil I, No. 3 auf Taf. XXIII). Die Schicht No. 3 hat wesentlich die nämliche mineralische Zusammensetzung wie die vorige. Die Farbe des Gesteins ist gelblich braun und geht allmählich in's Rothbraune über; es ist nicht so locker gelagert, sondern viel compacter und fühlt sich rauher an als das frühere, was jedoch auch hier nicht von dem darin enthaltenen Sande herrührt, sondern, wie ich bei der früheren Schicht erwähnt habe, von sehr harten, kleinen Körnchen aus Mineralstaub, die in diesen Schichten noch viel schwieriger im Wasser aufgeweicht werden können. Eine ins Wasser gelegte Scholle behält ihre Härte bei, während eine Scholle Ackererde, Thon oder Sand sich aufweicht.

In Lagunen und Arroyos, wo dieser Löss die Grundlage bildet, kann der schwerste Wagen wie auf einem Steinpflaster darüber wegfahren, und da, wo die Strasse über denselben führt, z. B. bei Durchgängen der Arroyos, entsteht nie Strassenkoth. Er wird deshalb in vielen Städten zum Ausbessern der Strassen benutzt. Obwohl er sehr porös ist, ist er doch sehr schwer aufzugraben; man muss sich dazu eines Pickels bedienen. Ein durch eine solche Lössschicht gegrabener Tunnel braucht nicht ausgemauert zu werden. Auch bei der grössten Trockenheit wird der Löss dieser Schicht niemals rissig.

Die unterste zu Tage tretende Lössschicht (Profil I, No. 4 auf Fig. XXIII) unterscheidet sich von der vorigen hauptsächlich dadurch, dass das Gestein hier am härtesten und compactesten und seine Farbe rothbraun ist.

Die ganze Lössformation ist mit Kalkconcretionen (Lösskindel, Toscas) übersäht und durchzogen, die oft sehr eigenartige Gestalten zeigen und manchmal grosse Felsstücke bilden. Viele dieser Toscas haben sich jedenfalls in den Hohlräumen gebildet, welche die Wurzeln von Pflanzen und die Knochen von Thieren nach ihrer Zersetzung zurückgelassen haben.

AMEGHINO[1]) hat die Bildung dieser Kalkconcretionen eingehend behandelt. Da sie überall im Löss vorkommen, so sehe ich davon ab, näher darauf einzugehen, und bemerke nur, dass ich im Wesentlichen AMEGHINO's Ansicht theile, nach welcher der zu ihrer Bildung erforderliche Kalk von den Knochen und Schalen der Thiere herrührt, die hier gelebt haben, wenn dies auch auf den ersten Blick unwahrscheinlich erscheinen sollte.

Zu sehr vielen Erörterungen haben die Alkalien Anlass gegeben, welche im Löss enthalten sind, und es sind hierüber eine Menge Theorien aufgestellt worden. Dass sie von dem Meerwasser herrühren, welches nach Hebung des Bodens über den Meeresspiegel im Innern des Landes zurückgeblieben und dann verdunstet sein soll, steht gänzlich mit der Art und Weise des Vorkommens dieser Alkalien im Widerspruch. In der Provinz Entre Rios, von der wir bestimmt wissen, dass die Lössschichten auf einer Meeresablagerung ruhen, sind die durch den Löss fliessenden Gewässer gar nicht oder doch sehr selten alkalisch, während man in San Nicolas in Schichten, wo bis zu 35 m Tiefe bestimmt keine Meeresablagerung getroffen wird, sehr alkalihaltigem Löss begegnet. Der Löss ist manchmal nach einem Regen mit Salpeter so reichlich überzogen, dass der letztere das Bild einer leichten Schneedecke gewährt.

Angenommen, es würde sich hier unter der Pampasformation eine Meeresablagerung finden, so ist es doch nicht denkbar, dass diese Salze durch eine Schicht von wenigstens 35 m Mächtigkeit an die Oberfläche dringen. Ebensowenig scheint es das Richtige zu sein, wenn man die Ursachen dieser Erscheinung der mineralischen Zusammensetzung des Lösses zuschreiben will, da in

---

[1]) „Formacion Pampeana", p. 179–200.

der Provinz Buenos Aires auf Flächenräumen von wenigen Quadratmetern, die die nämliche mineralische Zusammensetzung haben, Brunnen mit salzigem Wasser und solche mit Süsswasser vorkommen. Ich kenne Brunnen, die nicht 20 m von einander entfernt sind und von denen der eine Salzwasser, der andere Süsswasser enthält. Sehr wahrscheinlich hat man es hier mit örtlichen Ursachen zu thun, die während der Bildung des Lösses an dem Orte selbst walteten, wo diese Alkalien vorkommen.

Die Gypskrystalle, die im Löss getroffen werden, erwähne ich nur, da sie weder zur Erklärung des Alters noch der Entstehung der Pampasformation beitragen können. Ihr Vorkommen steht jedenfalls im engsten Zusammenhange mit der Entstehung der Alkalien.

Stratigraphische Beschaffenheit. Die stratigraphische Beschaffenheit der Pampasformation ist nicht so gleichmässig, wie es auf den ersten Blick erscheinen könnte. Des homogenen Materials und der Farbe wegen entgehen dem ungeübten Auge desjenigen, der diese Gegenden nur flüchtig durchforscht, Einzelnheiten ihrer Structur, die sehr oft von grosser Wichtigkeit sind. Jeder mit diesem Terrain vertraute Forscher entdeckt aber nicht selten in Gegenden, die er schon oft durchsucht hatte, stratigraphische Eigenthümlichkeiten, die ihm früher entgangen sind. Ameghino [1]) sagt: „Lujan übt auf mich einen besonderen Einfluss aus; es ist der Ort, an dem ich aufgewachsen bin und meine ersten Funde gemacht habe. Auf das Studium dieser Gegend gründen sich die meisten meiner Theorien über die geologische Beschaffenheit der Pampas; hier allein sind alle Schichten vorhanden, welche sich seit der mittleren Pampasformation abgelagert haben (?!). Bei jeder Excursion lerne ich etwas Neues."

Ganz das Nämliche würde jeder Forscher von einer anderen Gegend der Pampas sagen können, die sein specielles Forschungsgebiet ist. Ameghino's Pläne und Eintheilungen der Pampasformation beruhen fast ausschliesslich auf seinen in dieser Gegend gemachten Beobachtungen, woraus er dann Schlüsse auf Natur und Bildung der gesammten Pampasformation zieht. Es ist dies ein Fehler, in welchen die meisten Forscher verfallen und von dem auch ich mich nicht ganz frei weiss.

Ich will hier versuchen, den Leser, der diese Gegend nicht von Ansehen kennt, mit der Beschaffenheit ihrer Schichten bekannt zu machen, ohne ihn durch Schilderungen örtlicher Vorkommnisse, die leicht zu falschen Folgerungen verleiten könnten, zu verwirren.

---

[1]) „Escursiones Geologicos" etc.

In Bezug auf die stratigraphische Beschaffenheit der Pampasformation lassen sich hauptsächlich vier verschiedene Ablagerungen unterscheiden, nämlich eine Wind-, eine Fluss-, eine Lagunen- und eine Küstenablagerung. Da ich später diese Ablagerungen bei Besprechung der Entstehung der Pampasformation eingehender behandeln werde, so erwähne ich hier nur die Hauptmerkmale derselben.

In den äolischen Ablagerungen laufen die feinen Kanälchen mehr von oben nach unten, im Uebrigen aber wirr durcheinander. In je ältere Schichten man kommt, umsomehr sind diese Kanälchen ausgefüllt, bleiben aber dessen ungeachtet kenntlich, sodass man nach längerer Uebung auf das höhere oder jüngere Alter der Schichten zu schliessen vermag. Diesem Umstande ist es auch zuzuschreiben, dass der Löss nach der Tiefe zu immer compakter wird. Ein Hauptmerkmal der äolischen Ablagerungen bilden ferner die Kalkconcretionen (Toscas). Dieselben erscheinen hier wie Wurzeln, die in der Masse gewachsen sind und mit ihren Verzweigungen und Aesten hauptsächlich von oben nach unten verlaufen. Sie bestehen aus einer äusseren weichen Rinde und einem inneren harten Kern. Obschon die Toscas im Allgemeinen mit der Tiefe zunehmen, darf man doch nicht aus dem häufigeren Vorkommen derselben auf das Alter der Schichten schliessen, da in manchen Gegenden in jüngeren Schichten mehr Toscas vorkommen, als an anderen Stellen in älteren.

Ein anderes Kennzeichen dieser Gebilde besteht darin, dass die kleinen, harten Mineralstaubklümpchen eine Masse bilden, in welcher keine Körnchen wahrgenommen werden; diese Masse muss vielmehr zuerst zerrieben und geschlämmt werden, bevor man die Körnchen vereinzelt wahrnehmen kann.

Die Fluss- oder fluvio-terrestrischen Ablagerungen lassen sich in zwei Gruppen theilen: die einen rühren von Flüssen her, welche aus dem Gebirge kommen, die anderen von solchen, welche in den Pampas selbst entspringen. Die ersteren sind im Innern der Pampas höchst selten; wir kennen sie hauptsächlich nur von den Sondirungen her, welche im Pampaslöss vorgenommen worden sind. Da das Material derselben meist nur aus einem feinen Sande besteht, wurden diese Schichten früher für marine Ablagerungen gehalten, die sich unter dem Löss befinden sollten. In der Nähe von Gebirgen sind sie an den darin enthaltenen Geschieben leicht kenntlich. In den Barrancas des Parana bei San Nicolas kenne ich drei Ablagerungen, die von einem aus dem Gebirge stammenden Flusse herrühren. Eine derselben befindet sich 15 km oberhalb San Nicolas, die andere auf der linken Seite des Arroyo del Medio, wo derselbe in das Delta des Parana eintritt, und die dritte etwa 20 km unterhalb San Nicolas. Das Material besteht theils aus einem weisslich grauen Thon, spärlich mit Geröllstücken vermischt, die höchstens die Grösse einer Haselnuss erreichen, theils aus mehr oder weniger feinkörnigem Quarzsand. Es scheint dies ein Fluss gewesen zu sein, welcher während der Meeresablagerungen in Entre Rios in jene Bucht gemündet hat, so seltsam dies auch klingen mag für alle diejenigen, welche jene Ablagerungen für älter halten als die Pampasformation. Das Gestein dieses nicht zu verkennenden Flussufers ruht auf dem Löss der unteren Pampasformation, ist 3 m mächtig und wird von einer etwa 4 m dicken Lössschicht der mittleren und einer ebenso mächtigen Schicht der oberen Pampasformation überlagert. Daraus geht hervor, dass dieser Fluss zur Zeit der Ablagerung der mittleren Pampasformation aufgehört hat, hier vorbeizufliessen.

Das Erkennen der Ablagerungen, welche von Flüssen herrühren, die ihren Ursprung in den Pampas selbst genommen, ist so schwierig, dass Ameghino, den ich als den besten Kenner der Pampasformation anerkenne, in seiner „Formacion Pampeana" sagt, dass es während dieser ganzen Zeit keine Flüsse und Bäche (Rios und Arroyos) gegeben habe. Diese Ufer sind eben um so schwieriger zu erkennen, als die betreffenden fliessenden Gewässer nicht aus anderen Gegenden kamen und ihr Ablagerungsmaterial also nur aus Löss und Humus bestand.

Diese Flussablagerungen, die von bedeutender Zahl sind, scheinen von nicht grösseren Gewässern herzurühren, als die Arroyos sind, welche heute das Land durchziehen. Die Arroyos-Ablagerungen sind erkenntlich an den Kalkconcretionen (Toscas), deren Kanten abgerundet und abgeschliffen sind, sodass sie ganz das Aussehen des Kieses in den Schweizer Flüssen haben, und zwar sind sie so abgelagert, wie man sie häufig in den heutigen Arroyos sieht.

In diesem Kiese findet man sehr häufig Knochenstücke und Zähne von ausgestorbenen Säugethieren. Sie sind ganz abgeschliffen und müssen ohne Zweifel längere Zeit in fliessendem Wasser gelegen haben und von demselben transportirt worden sein.

Noch ein untrüglicheres, wenn auch viel schwieriger erkennbares Merkmal ist das Vorkommen eines schwarz-grauen, gewöhnlich aus feinem, manchmal aber auch aus gröberem Sande bestehenden Lösses, welcher theils aus zerriebenen Kalkconcretionen, theils aus den schon mehrmals erwähnten kleinen Klümpchen Mineralstaubes entstanden ist. Wir finden solche Ablagerungen, mit Humus und Pflanzenhalmen gemischt, sehr häufig an den Ufern der heutigen Arroyos. Da nun bei den Ablagerungen der alten Arroyos die Grashalme und der Humus sich vollständig zersetzt haben, so laufen die feinen Kanälchen oder Poren des Lösses mehr der Länge nach und parallel, während bei demjenigen Löss, welcher aus dem vom Winde gebrachten Staub entstanden ist, diese Poren mehr durcheinander liegen und von oben nach unten verlaufen. Diese Ablagerungen können leicht mit anderen Ablagerungen des Wassers verwechselt werden, nämlich mit solchen, bei denen dasselbe das Material von den kleinen Anhöhen in die Tiefe geschwemmt hat. Einmal darin geübt, kann man aber in den meisten Fällen sofort erkennen, ob es eine Flussablagerung oder eine der letztgenannten Ablagerungen ist, da bei diesen das Material keinen weiten Transport erlitten hat.

Ein ferneres Merkmal für das Erkennen der alten Flussufer und Flussbetten besteht darin, dass der rothbraune Löss manchmal mit den grünlichen lacustren Ablagerungen vermischt ist. In allen Ufern befindet sich eine Unzahl von Wasserrinnen, die dadurch entstehen, dass das Regenwasser die Ufer auswäscht, das Material der verschiedenen Schichten durcheinander mischt und es weiter unten ablagert. Findet sich nun dazwischen noch vom Arroyo transportirter Toskakies, wie ich die Geschiebe nennen möchte, so ist eine Arroyo-Ablagerung gar nicht zu verkennen.

In einer solchen Ablagerung lag, um gleich ein Beispiel zu nennen, das *Glyptodon Damesii* nov. sp.[1]), welches in eine Wasserrinne gefallen und theilweise von mit lacustrem Mergel gemengtem Löss, theilweise mit Schlamm und Toscasand zugedeckt worden war. Diejenigen Theile des Skelettes, welche mit Löss bedeckt waren, blieben gut erhalten, während die mit Schlamm und Sand bedeckten theilweise zersetzt wurden. Im Schlamm mag sich noch eine gute Quantität faulender Pflanzenstoffe, wie sie die Arroyos immer auswerfen, befunden haben.

Solche Arroyos-Ufer sind in den unteren Schichten der Pampasformation sehr häufig und mögen sich durch Ausfüllung ihrer Betten verloren haben. Wenn einmal einem Arroyo der Abfluss abgeschnitten ist, so ebnet er sich verhältnissmässig sehr schnell aus. Noch viel häufiger aber sind diese Ablagerungen wohl durch die beständigen Kursveränderungen der Gewässer entstanden. DÖRING hat eine sehr ausführliche Abhandlung über Flussablagerungen geschrieben[2]); die von ihm geschilderte Bildungsweise hat auch auf unseren Fall Bezug. Bekanntlich sind die fliessenden Gewässer der Flachländer Kursveränderungen viel mehr unterworfen, als diejenigen der Gebirgsgegenden. Bei den

---

[1]) Mit obigem Namen habe ich eine *Glyptodon*-Art belegt, welche sich in einer von mir zusammengebrachten, jetzt dem Museum in Kopenhagen gehörenden Sammlung von Pampas-Thieren befindet, von wo aus auch die Beschreibung dieser und anderer neuer, von mir provisorisch benannter Arten zu erwarten ist.

[2]) „Boletin de la Academia Nacional de Cordoba", VI, 1864.

Schlangenwindungen, welche diese Flüsschen machen, wird das eine Ufer beständig unterspült und angefressen und auf dem anderen Material abgelagert, bis zwei, drei und noch mehr Kurven sich zu einer einzigen vereinigen, in welcher sich wieder neue Kurven zu bilden anfangen. So haben sich während der ungemein langsamen Bildung der Pampasformation in ihr und aus ihrem Material selbst fluvio-terrestrische Ablagerungen von grosser Ausdehnung gebildet. Eine solche befindet sich bei der Stadt Buenos Aires in der Nähe der Gasfabrik bei der Station Retiro, welche zeitweise vom Wasser des Rio überfluthet wird. Ich konnte nicht ermitteln, wie weit sie sich erstreckt, auch nicht genau erkennen, zu welcher Zeit sie sich abgelagert, da sie nach dem Lande zu mit Schlamm aus dem Delta des Parana bedeckt ist und ich nie Gelegenheit hatte, dieses Terrain bei niedrigem Wasserstande zu studiren. Müsste ich ein Urtheil über das Alter dieser Ablagerung abgeben, so würde ich ihr kein jüngeres zuschreiben als das der mittleren Pampasformation, da ich bei meinen zwar flüchtigen Beobachtungen kein aus der oberen Pampasformation stammendes Material darin entdecken konnte.

Begreiflich ist es für den Fossiliensammler von grosser Wichtigkeit, Natur und Bildung dieser Ablagerungen zu erkennen, da in denselben häufiger Fossilien gefunden werden als in solchen, welche auf offenem Lande vom Winde abgelagert wurden. Aber auch abgesehen davon wird es für den Sammler ganz unmöglich, das Alter der gefundenen Reste richtig zu bestimmen, wenn er diese Gebilde nicht kennt.

Es ist ganz ausser Zweifel, dass sich auch fluvio-terrestrische Ablagerungen gebildet haben zur Zeit der Entstehung der oberen Schicht No. 2, obschon man sie in derselben nicht oder doch höchst selten trifft, weil diese Schicht das oberste Stockwerk der eigentlichen Pampasformation bildet und die Flüsse ihr Material in der Tiefe abgelagert haben. Das Niveau der Schicht, in welcher die fossilen Knochen gefunden werden, ist demnach nicht immer maassgebend für das Alter der betreffenden Thiere; es muss zuerst ermittelt werden, zu welcher Zeit die Schicht abgelagert wurde, was in den meisten Fällen aus dem Verhältniss ihrer Lagerung zu der der Grundmasse ersichtlich ist. Verliert sich z. B. eine solche Schicht unter der mittleren Pampasformation, so wissen wir mit Bestimmtheit, dass sie vor Entstehung der oberen Pampasformation (No. 2) abgelagert wurde. Ist aber eine solche Schicht nicht vom Löss der unteren oder mittleren Pampasformation überlagert, so darf man fast sicher annehmen, dass sie der oberen Abtheilung angehört. Immerhin ist es in diesem Falle rathsam, genau zu untersuchen, ob das

Material mit dem hellgelben Löss der oberen Pampasformation gemischt ist.

Lagunen-Ablagerungen. Merkwürdig erscheint es mir, dass keiner der älteren Autoren die Lagunen-Ablagerungen erwähnt, die sich in der ganzen Pampasformation zerstreut vorfinden und die umsomehr auffallen, als sie schon in der Farbe von dem anderen Gestein abweichen. Ameghino ist der Erste, der dieselben behandelt hat. Wie auf dem Profil 1 (Taf. XXIII), wo No. 5 diese lacustren Ablagerungen darstellt, ersichtlich ist, sind diese sehr häufig. In San Nicolas befinden sich in der Barranca auf einer Strecke von ungefähr 1500 m über 20 solcher Ablagerungen. Diese haben gewöhnlich eine Ausdehnung von 100—200 m, manchmal aber ziehen sie sich nur wenige Meter hin: an solchen Stellen wird aber wahrscheinlich die früher ausgedehntere Schicht theilweise weggeschwemmt worden sein. Die Mächtigkeit variirt je nach dem Untergrunde, auf dem sie ruhen: gewöhnlich sind sie kaum 1 m dick. Schichten von über 3 m Mächtigkeit werden höchst selten getroffen.

Man trifft die lacustren Ablagerungen in allen Schichten der Pampasformation, doch habe ich sie stets häufiger in den unteren als in den oberen getroffen, was seinen Grund darin hat, dass sich dieselben unzweifelhaft in Lagunen und Sümpfen abgelagert haben, die natürlich häufiger in den Niederungen vorkommen. Ich habe einen Sumpf mit Lagunen entstehen sehen, und da jene Sümpfe zur Zeit der Bildung der Pampasformation auf ähnliche Weise entstanden sein können, so lasse ich hier meine Beobachtungen folgen.

Der Arroyo Sepeda fliesst durch eine kleine Niederung des Landes. Da wo derselbe seinen Anfang nimmt, erweitert sich die kleine Mulde zu einer ziemlich grossen, unfruchtbaren Fläche, hier zu Lande Playada genannt. Weil hier die untere Pampasformation zu Tage trat, hatte ich dieselbe sehr oft auf Fossilien abgesucht. Bei der grossen Trockenheit im Jahre 1878 füllten mehrere starke Stürme das Bett des Arroyo auf eine grosse Strecke mit Staub, trockenen Halmen und Samen von Pflanzen ganz an. Da der Arroyo stellenweise ganz trocken lag, blieb das Material liegen und an einigen Stellen ging der meist von wildem Klee herrührende Same in Folge der Feuchtigkeit des Untergrundes auf, sodass sich bald ein dichter Rasen bildete, auf dem sich nach und nach immer mehr Staub anhäufte, bis der Playada der Abfluss des Wassers abgesperrt war. Die nach der Zeit der Trockenheit folgenden Regengüsse lieferten dem Arroyo nicht genug Wasser, um die entstandenen Dämme zu durchbrechen, und so blieben einige Wasserpfützen auf der Playada zurück, in welchen der Wind Staub und Samen liegen liess, den er sonst darüber hinweg gefegt hätte. Nach dem Austrocknen der Pfützen ging der Same auf, und da der Wind auch die für das Gedeihen der Pflanzen nöthige Ackererde mit abgelagert hatte, konnte der Same keimen, während er im Löss nicht aufgegangen wäre. Es genügt aber schon die dürftigste Vegetation, den von den Winden hergetragenen Staub festzuhalten, und es währt nicht lange, bis sich eine öde Lössfläche in ein fruchtbares Stück Land verwandelt und sich mit einer Humusschicht bedeckt. Da nun das Regenwasser, welches von der Erde nicht aufgesogen worden, durch den Arroyo Sepeda seinen Abfluss in diese Niederung nahm und hier durch die entstandenen Dämme gestaut wurde, so entstand hier ein Sumpf mit mehreren Lagunen. Wenn sich hier eine lacustre Ablagerung bildete, würde dieselbe natürlich nicht auf die oberste, sondern auf die unterste Lössschicht zu liegen kommen[1]).

Aus dem Gesagten geht deutlich hervor, wie schwierig es manchmal ist, das wirkliche Alter einer solchen lacustren Ablagerung festzustellen. Nicht selten kommt es vor, dass zwei oder mehrere derselben in einander übergehen und da, wo sie zu Tage treten, als eine einzige Schicht erscheinen. So befindet sich z. B. in der Nähe von Pergamino, am Arroyo gleichen Namens im Camp von Chavaria, eine lacustre Ablagerung, die in einer Länge von ungefähr 30 m beinahe die ganze Barranca bildet. Sogleich erkennt hier der Kundige zwei Alagerungen, eine neuere und eine ältere; in Wirklichkeit besteht sie aber aus dreien, und zwar haben sich zwei derselben in verschiedenen Zwischenräumen während der Bildung des unteren und die dritte zur Zeit der Entstehung des oberen Pampaslösses abgelagert. In den meisten Fällen kann das wirkliche Alter nur aus dem Löss, der auf einer solchen lacustren Schicht lagert, ermittelt werden; wo dies nicht möglich ist, bleibt das Alter zweifelhaft. Die Altersbestimmung nach den darin vorkommenden Fossilien ist, wie ich nur zu sehr erfahren habe, ganz unsicher.

Es ist nicht anzunehmen, dass sich diese Ablagerungen in grossen und tiefen Seeen vollzogen haben und das Material von Flüssen geliefert wurde, die aus anderen Gegenden kamen. Die mineralischen Bestandtheile sind wesentlich die gleichen wie beim Löss, nur der Kalkgehalt und die Farbe, die von dunkel grün bis weiss-grau variirt, sind verschieden. Ameghino glaubt,

---

[1]) Hier sei jedoch bemerkt, dass auch häufig lacustre Ablagerungen auf solchem Terrain vorkommen, wo keine der Zwischenschichten fehlt. Ich werde später noch darauf zurückkommen.

dass sie von den zersetzten Schalen von Süsswasser-Mollusken herrühren; es scheinen jedoch noch andere Ursachen bei ihrer Bildung mitgewirkt zu haben. Allem Anscheine nach haben sich diese meist geringe Ausdehnung zeigenden, ungemein zahlreichen lacustren Ablagerungen in grossen Sümpfen gebildet, in denen sich grössere und kleinere Lagunen befanden, und hier mögen sich die kolossalen Vierfüssler, deren Reste wir häufig in den Schichten finden, im Röhricht und Schilfe gütlich gethan haben. Sie durften sich ohne Gefahr in dasselbe hineinwagen, weil der den Untergrund bildende Löss sie vor dem Versinken schützte. Während der ganzen Bildung der Pampasformation gab es hier keine Torfmoore und Moräste, in denen diese Thiere versinken konnten und elendiglich umkamen, wie europäische Autoren erzählen.

Die Küstenbildungen sind hauptsächlich an dem sehr sandhaltigen, vielfach marine Muscheln und Fragmente von solchen enthaltenden Löss zu erkennen. Wir werden dieselben später genauer kennen lernen.

Bei kleineren Unregelmässigkeiten der Lössgebilde, die örtliche Abweichungen in ihrer Lagerung zeigen, will ich mich nicht aufhalten. Ich erwähne diesbezüglich nur, dass Ablagerungen, wie Ameghino sie in seinen „Escursiones Geologicas etc." 1881 zu dem Zwecke beschreibt, eine Eiszeit während der Bildung seiner „Formacion Postpampeana" nachweisen zu können, auch in der unteren Pampasformation vorkommen. Es sind dies Ablagerungen von Tosca-Kies und Sand, sowie von geschlämmtem Löss in Vertiefungen und Löchern des Bodens. Dieses Material ist so durcheinander gelagert, dass Ameghino diese Bildungen für Moränen ansieht; dieselben sind aber jedenfalls nur durch vom Regen angeschwollene Flüsschen in den Unebenheiten des Bodens abgesetzt worden. Hier in der Nähe von San Nicolas befinden sich mehrere mit Lössschutt gefüllte Kessel, ganz ähnlich den Gletschermühlen, welche ich im Gletschergarten in Luzern gesehen habe, nur sind sie etwas kleiner. Man kann ganz deutlich sehen, wie die vom Wasser im Kreise getriebenen Toscas die Lösswände abgeschliffen haben, und doch hat hier kein Eis, sondern nur das Wasser eines ganz kleinen Arroyo gewirkt.

Eintheilung der Pampasformation in Stockwerke. Burmeister theilt die Pampasformation in zwei Stockwerke ein, was geologisch sehr richtig ist; doch sind die Namen, mit denen er die beiden Abtheilungen bezeichnet, hier nicht anwendbar, da weder die Humusschicht dem Aluvium, noch der Pampaslöss dem Diluvium Europas entspricht. Mag nun auch die Eintheilung der Pampasformation in zwei Stockwerke für die Zwecke des Geologen ausreichen, so ist sie dagegen für den Paläontologen durchaus ungenügend. Wenn man die in dieser Formation vorkommenden Fossilien wissenschaftlich verwerthen und weiter feststellen will, welche Veränderungen die Fauna während der Entstehung dieser Gebilde erlitten hat, so kann es nicht gleichgültig sein, ob fossile Thierreste aus oberen oder unteren Schichten, oder besser gesagt, aus jüngeren oder älteren Ablagerungen stammen. Die meisten Gelehrten haben die Lössformation der Pampas noch gar nicht richtig erkannt. Sie glauben, dass man es hier mit einer ganz der Quartärzeit angehörenden Ablagerung zu thun habe, ähnlich derjenigen am Rhein, nur dass sie von grösserer Ausdehnung ist. In Wirklichkeit haben wir es aber hier mit einer ebenso selbstständigen und typischen Formation zu thun, wie es die Tertiär- inclusive Quartärzeit Europas ist; ja sie hat noch den Vortheil, dass wir hier Ablagerungen besitzen, die vom Anfange ihrer Bildung an bis heute keine Unterbrechung erlitten haben, wo wir also das Material so über einander gelagert finden, wie es nach und nach abgesetzt wurde, sodass man nicht nöthig hat, sich der darin befindlichen Fossilien zu bedienen, um das Alter eines Stockwerkes zu bestimmen. Würde sich diese Lössablagerung in Europa befinden, so wäre sie schon so studirt und in Stockwerke eingetheilt worden, dass man sich bei den Tertiärgebilden anderer Länder nach dieser Eintheilung zu richten hätte; so aber sollte sie nun in eine der Perioden der Tertiär- inclusive Quartärzeit eingezwängt werden, wo sie nirgends passen will.

Ameghino hat Eintheilung und Namen je nach Umständen geändert; doch ist seine Eintheilung wesentlich folgende: die Humusschicht zerfällt in Contemporaneo und Aluviones modernos oder Postpampeano superior; der Löss in Postpampeano lacustre (nach dieser lässt er ganz neuerlich in „Escursiones Geologicas etc.", 1884, eine Glacialschicht folgen) und Pampeano lacustre, Pampeano superior und Pampeano inferior.

Es ist ganz selbstverständlich, dass man diese Lössschichten in Stockwerke eintheilen muss nach der Zeit, in der sie nach und nach entstanden sind, und nicht nach Ablagerungen, welche blos in Farbe oder Material von einander verschieden sind, wenn man die Veränderungen erforschen will, welche die Fauna während ihrer Bildung erlitten hat. Aus diesem Grunde ist Ameghino's Eintheilung für den Paläontologen durchaus nicht verwendbar, indem er eine Periode Postpampeano lacustre und eine

Pampeano lacustre als Altersperioden aufstellt, womit man wohl eine Klasse von Gestein, nie aber das Alter desselben bezeichnen kann. Lacustre Ablagerungen sind während der ganzen Zeit der Bildung der Pampasformation entstanden; man findet solche in allen Horizonten, wie bei Behandlung der lacustren Ablagerungen bereits gezeigt wurde. Findet man z. B. Thierreste in einer lacustren Schicht, die sich zu unterst im roth-braunen Löss befindet, so müsste man nach Ameghino dieselbe als der Pampeano-lacustre-Periode angehörend bezeichnen, die nach seiner Eintheilung jünger ist als der Pampeano superior, also jünger als aller rothbraune Löss, während in Wirklichkeit die Thierreste in einer viel früheren Zeit, nämlich zur Zeit der Ablagerung des unteren rothbraunen Lösses begraben wurden.

Auch eine Formacion glacial kann unmöglich in das Schema einer Eintheilung der Pampasformation aufgenommen werden. Eine unregelmässige Schichtung von Tosca-Kies und Löss von kaum 1 m Mächtigkeit und 100 m Ausdehnung kann die vorhandenen untrüglichen Beweise, dass die Eiszeit anderer Länder hier spurlos vorübergegangen ist, nicht verdrängen. Ich begreife nicht, wie man eine Ablagerung, wie sie Ameghino[1]) an der Hand einer guten Zeichnung beschreibt, für Moränen ansehen kann. Ameghino scheint niemals Gletscherablagerungen gesehen zu haben, die sich ja gerade durch ihren ungeschichteten Charakter kennzeichnen. Betrachtet man Ameghino's Zeichnung aufmerksamer, so sieht man, dass man einen Querschnitt eines ausgefüllten Arroyo, also eine fluvio-terrestrische Ablagerung, wie ich sie oben beschrieben, vor sich hat. Sehr erstaunt war ich, wörtlich Folgendes zu lesen [2]): „Die neuesten Arbeiten über die Eiszeit setzten es ausser Zweifel, dass dieselbe allgemein und einmalig stattfand, wenn sie auch mit Zwischenräumen von grösserer oder geringerer Kälte abwechselte. Wenn die Glacialepoche der Ablagerung der Formacion Pampeana vorausging, müsste letztere trotz der vielen Gegenbeweise, die wir besitzen, einer sehr modernen Epoche angehören. Wenn dagegen, wie aus den Beobachtungen hervorgeht, die Dr. Doering in der Nähe der Sierra de la Ventana gemacht hat, die Eiszeit zur Zeit der Postpampeano-Periode vorkam, so gehört die Formacion Pampeana in Uebereinstimmung mit den übrigen geologischen, stratigraphischen und paläontologischen Vorkommnissen der Tertiärzeit an. Dieses höchst wichtige geologische Problem wird nun durch die in Frage stehenden Schichten gelöst."

---

[1]) „Boletin de la Academia Nacional de Cordoba", VI.
[2]) Ebendaselbst p. 29.

Leider sind mir die Beobachtungen nicht bekannt, die Doering in der Nähe der Sierra de la Ventana gemacht hat. Ich habe mich einige Tage in der Nähe derselben und in ihr selbst bei der Station Tornquist, sowie auch in der Sierra vaya bei Hinojo aufgehalten, aber nichts gesehen, was nur einigermaassen zu der Annahme einer Eisperiode berechtigen, geschweige denn zu einer solchen zwingen würde. Ich war im Gegentheil erstaunt, hart am Fusse der Berge so wenig Geröll zu finden; in der Entfernung von einigen Stunden habe ich gar keines mehr getroffen. Die Eisenbahn von Buenos Aires nach Bahia Blanca zieht sich längere Zeit in der Entfernung von einigen Stunden dem Gebirge entlang hin, aber nirgends habe ich bei den häufigen Abgrabungen Kies oder Schutt weder im Löss, noch in der Humuserde gesehen. Da, wo die Kolonie Tornquist gegründet wird, hatte ich Gelegenheit, etwa 1000 m vom Fusse der Sierra de la Ventana entfernt einen Sodbrunnen graben zu sehen. Zu oberst befand sich eine Humusschicht von weniger als 1 m Mächtigkeit, in welcher einige sehr scharfkantige Steinstücke aus der Sierra lagen. Darunter folgte eine etwas über 1 m dicke, sehr harte Toscaschicht ohne Gerölle oder andere Steine [1]. Dann folgte bis zu einer Tiefe von 30 m Löss ganz von der Beschaffenheit des Lösses der Pampasformation, spärlich mit Toscas gemischt.

Ein Arroyo, der durch ein Thal fliesst, zu dessen beiden Seiten sich ziemlich hohe Berge befinden, hat ziemlich hohe Ufer, die grösstentheils aus äolischem Löss bestehen; man findet auch lacustre Ablagerungen vom nämlichen bläulichen Mergel, wie an den Arroyos in der Nähe von San Nicolas. Zwischen diesen Lössschichten befinden sich manchmal ziemlich mächtige Kiesschichten, und zwar ist dieser Kies so gelagert, wie er eben von Gebirgsbächen abgelagert wird; nirgends ist eine Spur von Moränen vorhanden. Kommt man näher an die Quelle des Flüsschens, wo sich das Thal sehr verengt, so hören die Ufer auf, und das Wasser fliesst zwischen scharfkantigen Gesteinsstücken hindurch, die von den Bergwänden heruntergestürzt sind und deren Schichten beinahe senkrecht stehen.

Die Pampasformation dehnt sich bis in die unmittelbare Nähe des Gebirges als eine nahezu horizontale Fläche aus, dann ragen plötzlich die Bergspitzen aus ihr hervor. Befindet man sich

---

[1] Es ist mir in dieser Gegend aufgefallen, dass man überall von Azul bis Bahia Blanca eine sehr harte Toscaschicht von durchschnittlich 1 m Mächtigkeit trifft. Sie breitet sich wie ein Guss über die ganze Fläche aus; unter ihr liegt der gewöhnliche Löss der Pampasformation.

auf einer derselben, so glaubt man eher auf der Bergspitze einer Insel im Meere zu sein. Verfolgt man das Flüsschen einige Stunden weit in die Pampasebene hinein, so verlieren sich die Geröllschichten in den Uferwänden. Wenn hier eine Eisperiode vorgekommen wäre, so müssten doch gewiss unzweideutige Spuren derselben vorhanden sein, während im Gegentheil alle Vorkommen in den Pampas darauf hindeuten, dass während der ganzen Zeit ihrer Bildung keine grösseren klimatischen Veränderungen stattgefunden haben.

Natürlich kann die Pampasformation nur nach solchen Lössschichten in Stockwerke eingetheilt werden, die so übereinander liegen, wie sie ohne Unterbrechung abgesetzt worden sind. Da der Löss mit der Tiefe, oder besser gesagt nach seinem Alter in Farbe und Beschaffenheit, Härte und Structur sich ändert, so kann bei einiger Uebung das Alter einer Schicht bestimmt werden, auch wenn dieselbe von keiner jüngeren Schicht überlagert wird. Bei den fluvio-terrestrischen und lacustren Ablagerungen ist dies jedoch schwieriger und unsicherer als bei den äolischen Schichten, und es muss das relative Alter aus dem Verhältniss der Lagerung zu der der Grundmasse ermittelt werden.

Schon seit Jahren habe ich die Pampasformation in 4 Stockwerke eingetheilt:

1. **Humusschicht** oder Terreno Humus.
2. **Obere Pampasformation**, Pampeano superior.
3. **Mittlere Pampasformation**, Pampeano intermediar.
4. **Untere Pampasformation**, Pampeano inferior.

Obschon die asch-graue Humuserde von dem darunter folgenden hellgelben Löss des Pampeano superior in Farbe und Beschaffenheit abweicht, so ist es doch nicht möglich, eine scharfe Grenze zwischen den beiden Schichten anzugeben. Dieselben gehen so allmählich in einander über, dass man nicht sagen kann: hier hört die Humusschicht auf, und da fängt der Pampeano superior an; man könnte vielmehr von einer Uebergangsschicht vom Humus zum Löss sprechen, in welcher manchmal Reste von ausgestorbenen Thieren gefunden werden. In vielen Gegenden, wie z. B. in der Nähe von Cordoba erreicht diese Uebergangsschicht eine beträchtliche Mächtigkeit.

Doering bezeichnet den Pampeano superior als Piso eolitico; da aber auch die Grundmasse des Pampeano intermediar und des Pampeano inferior aus äolischem Löss besteht, so könnte diese Benennung zu Irrthümern führen. Zwar wäre eine passendere Bezeichnung als Pampeano superior für diese hellgelben, locker gelagerten Lössschichten mit den dazu gehörenden lacustren und fluvio-terrestrischen Ablagerungen sehr erwünscht; denn wenn auch dieses Stockwerk in der hier in Rede stehenden Gegend kaum durchschnittlich 6 m mächtig ist, so sind doch während der Entstehung desselben die meisten Säugethiere ausgestorben, die zur Zeit der Bildung der Pampasformation gelebt haben, und es wäre daher in paläontologischer Hinsicht zweckmässig, wenn man von einem oberen und unteren Theil des Pampeano superior sprechen könnte. (In vielen anderen Gegenden hat dieses Stockwerk eine sehr bedeutende Mächtigkeit, in der Nähe von Cordoba über 30 m; ich habe dort die unteren Schichten nirgends zu Tage treten sehen. Der ganze Löss von Entre Rios entspricht dem Pampeano superior.) Dennoch will ich diese Benennung so lange beibehalten, bis die Eintheilung der Pampasformation in Stockwerke eingehender erörtert ist und man zu einer einheitlichen und zweckentsprechenden Benennung kommt.

Es ist mir früher aufgefallen, dass Ameghino in seinen Schriften nirgends von dieser Schicht spricht, und dies umsomehr, als auch die Farbe der fossilen Knochen aus diesem Löss verschieden ist von der Farbe der Knochen, welche in den unteren Stockwerken vorkommen. Erklärlich wird dies aber, wenn man in seinen „Escursiones Geologicas etc." liest, dass seine Theorien über die Pampasformation hauptsächlich auf am Rio Lujan gemachten Beobachtungen beruhen. Trotzdem er behauptet, dass nur dort alle Schichten vorkommen, die sich während der Bildung der Pampasformation abgelagert haben, scheint die betreffende Schicht dort zu fehlen, wie dies in der Provinz Buenos Aires den meisten kleineren Rios und Arroyos entlang der Fall ist. Sie ist hier sehr oft durch lacustre Ablagerungen ersetzt, weshalb wohl Ameghino an Stelle des Pampeano superior seinen Pampeano lacustre gesetzt hat.

Auch zwischen dem Pampeano superior und dem Pampeano intermediar kann keine Grenze gezogen werden; letzterer ist vielmehr als Uebergangsschicht zwischen dem Pampeano superior und dem Pampeano inferior zu betrachten. Sie unterscheidet sich zwar von beiden in Farbe und Structur, ähnelt aber in der Nähe des Pampeano superior mehr diesem und in der Nähe des Pampeano inferior mehr dem letzteren. Alle fossilen Thierreste, welche ich nicht in Löss mit ausgesprochenem Charakter des Pampeano superior oder des Pampeano inferior finde, bezeichne ich als dem Pampeano intermediar angehörend. Diese gelbliche, in's Rothbraune übergehende, ziemlich festgelagerte Lössschicht hat in San Nicolas eine durchschnittliche Mächtigkeit von 4—6 m.

Der Löss des Pampeano inferior ist an seiner dunkel-rothbraunen Farbe, seiner Rauheit und sehr festen Lagerung leicht erkenntlich und bildet die unterste uns zugängliche Schicht. —

Ich lasse hier eine Tabelle der von mir gefundenen Fossilien folgen, worin ich die Zahl der fossilen Thiere jeder Art angebe, sowie auch, in welchen Schichten ich sie gefunden habe. Ich entnehme die Angaben meinem Tagebuche, das ich seit 1873 führe.

**Vergleichende Uebersicht der von mir in der Pampasformation gefundenen Fossilien.**[1]

| | Zahl der gef. Indiv. | Humins | Pamp. sup. | Pamp. inter. | Pamp. infer. |
|---|---|---|---|---|---|
| Homo sapiens | 3 | — | 2 | 1 | — |
| Machairodus | 9 | | 2 | 4 | 3 |
| Caninae, gen. div. | 5 | | 1 | 3 | 1 |
| Ursus bonaerensis | 2 | | | 2 | — |
| — Bernae | 1 | | | | 1 |
| Marsupialia | 1 | — | | 1 | — |
| Marini | 2 | | 2 | — | — |
| Myopotamus bonaerensis | 5 | — | | 4 | 1 |
| Ctenomys | 12 | | 2 | 10 | — |
| Megamys | 1 | | | — | 1 |
| Lagostomus | 12 | | 6 | 3 | 3 |
| Dolichotis | 1 | | 1 | — | |
| Cavia | 4 | | 1 | 2 | 1 |
| Typotherium cristatum | 5 | | | 3 | 2 |
| — Lauseni | 1 | | — | 1 | — |
| — n. sp. | 1 | | | | 1 |
| Toxodon Burmeisteri | 4 | | | 1 | 3 |
| Oweni | 4 | | | 3 | 1 |
| sp. div. | 13 | | 3 | 3 | 7 |
| Haplodontherium Moolezani | 1 | | | 1 | — |
| — Darwini | 1 | — | 1 | | — |
| Equus Argentinus | 1 | | 1 | | |
| — sp. div. | 16 | | 7 | 7 | 2 |
| Hippidium | 4 | | 2 | 2 | |
| Macrauchenia | 7 | | 3 | 2 | 2 |
| Palaeotherium sp. div. | 3 | | | 1 | 2 |
| Mastodon sp. div. | 29 | 1 | 8 | 13 | 7 |
| Suina | 1 | | | | 1 |
| Pachydermata gen. div. | 5 | — | | 3 | 2 |
| Palaeolama | 16 | — | 3 | 7 | 6 |
| Cervus | 18 | — | 6 | 9 | 3 |
| Megatherium Americani | 13 | 2 | 4 | 4 | 3 |
| Megatherium sp. div. | 4 | | | 4 | |
| Scelidotherium sp. div. | 31 | | 12 | 16 | 3 |
| Lestodon armatus | 5 | | 1 | 4 | — |
| — Vogti | 1 | | | — | 1 |

[1] Bezüglich der in dieser Liste vorkommenden, noch unveröffentlichten Namen gilt das p. 390 in der Fussnote Gesagte ebenfalls.

|  | Zahl der gef. Indiv. | Humus | Pamp. sup. | Pamp. inter. | Pamp. infer. |
|---|---|---|---|---|---|
| Lestodon sp. div. | 6 |  | 1 | 5 |  |
| Grypotherium Darwini | 2 |  |  | 2 |  |
| — Moeschi | 1 |  |  | 1 | — |
| — Rütimeyeri | 1 | - |  | 1 |  |
| Mylodon sp. div. | 11 | - |  | 3 | 6 | 2 |
| Mylodon robustus | 1 |  |  | 1 |  |
| Dasypus villosus (?) | 2 |  | 2 | - |  |
| — conurus | 3 |  | 1 | 1 | 1 |
| Eutatus Seguini | 18 | — |  | 9 | 7 | 2 |
| — sp. div. | 14 | - |  | 4 | 8 | 2 |
| Loricata cingulata | 1 |  |  |  | 1 |
| Thoracophorus | 1 |  |  | 1 |  |
| Glyptodon Damesi | 1 | — |  |  | 1 |
| — sp. div. | 30 | 1 |  | 9 | 13 | 12 |
| Doedicurus sp. div. | 10 | - |  |  | 7 | 3 |
| Panochthus tuberculatus | 8 | - |  |  | 4 | 4 |
| Vogti | 1 |  |  |  | 1 |
| — Beyrichi | 1 | - |  | - | 1 |
| Hoplophorus ornatus | 7 | — |  | 4 | 3 |
| Studeri | 1 | — |  |  |  | 1 |
| Kelleri | 2 |  |  | 1 | 1 |
| sp. div. | 20 |  |  | 8 | 9 | 3 |
| — elegans | 1 | - |  |  | 1 |
| Biloricatorum gen. incert. | 16 |  |  | 4 | 9 | 3 |
| Summa: | 403 | 4 | 116 | 196 | 97 |

Ich habe hier nur solche Thiere angeführt, von denen ich einen grösseren Theil des Skelets gefunden und die Lage sowie die Beschaffenheit des Terrains, in welchem sie sich befanden, im Tagebuche notirt habe. Solche, die ich in früheren Jahren gefunden und von denen die Angabe der Schichten mir jetzt ungenügend erscheint, habe ich weggelassen; da ich jedoch erst in den letzten Jahren auf die fluvio-terrestrischen Ablagerungen aufmerksam geworden bin, so können doch noch Thiere aus älteren Schichten in neuere gehören, nie aber umgekehrt. In der Humusschicht habe ich nur Reste von ausgestorbenen Thieren verzeichnet, die ich darin gefunden habe. Natürlich wird man Reste von allen Thieren darin finden, welche in der Neuzeit hier gelebt haben; ich habe aber solchen nur dann Aufmerksamkeit geschenkt, wenn ich sie im Löss getroffen habe, was jedoch selten der Fall war.

Nach AMEGHINO hat BURMEISTER die Fauna der ganzen

Pampasformation in zwei Abtheilungen gebracht [1]). Derselbe sagt, dass Burmeister als zum Pampeano inferior gehörend nur die grossen, ausgestorbenen Säugethiere aufzähle, die überall im Pampaslöss vorkommen, und zum Pampeano superior beinahe nur solche, die heute noch hier leben. Er bezeichnet diese Eintheilung als eine sehr willkürliche, künstliche, die in der Stube eines Gelehrten gemacht worden sei und mit der Wirklichkeit nicht im Einklange stehe. Zieht man aber Burmeister's Eintheilung der Pampasformation in Betracht, so ist dieselbe im Gegentheil sehr richtig, und es wäre jede andere Eintheilung der Fauna eine unnatürliche, da er ja unter Diluvium oder Präglacial die ganze Lössablagerung versteht und unter Alluvium oder Postglacial die Humusschicht und die heutige Deltaablagerung. Mir kommt vielmehr Ameghino's Begriff von unserem Pampeano inferior etwas unbegreiflich vor, indem er annimmt, dass blos 2—3 m unter der Oberfläche liegende Reste nicht dem Pampeano inferior angehören können. So sagt er z. B. [2]), das *Mylodon gracilis*, welches sich im Museum von Buenos Aires befindet, könne nicht dem Pampeano inferior angehören, weil es nur 2 m unter der Oberfläche gelegen habe. Aehnliches sagt er von *Panochthus tuberculatus* und anderen Thieren, welche Burmeister als dem Pampeano inferior angehörend bezeichnet. Durch diese Kritik zeigt er, dass er einen ganz irrigen Begriff von den Stockwerken der Pampasformation hat. Weshalb sollten die unteren Schichten an den betreffenden Stellen nicht zu Tage treten können? Alle Fossilien, die Ameghino als dem Pampeano inferior angehörend anerkennt, stammen aus dem Löss, welcher den Grund des Hafens von Buenos Aires bildet, und er glaubt, dass nur dort der Pampeano inferior zu Tage trete. Gerade das Alter dieses Lösses ist aber ein sehr zweifelhaftes, da die oberen Schichten fehlen und das Terrain, so viel ich gesehen habe, meist nicht aus äolischen, sondern aus fluvio-terrestrischen Ablagerungen besteht. Weil diese Gegend die niedrigste in Bezug auf die Höhe über dem Meeresspiegel ist, so ist sie deshalb keineswegs die älteste. Die untere Pampasformation bildet ebensowenig eine wagerechte Fäche, als die obere, sonst müsste sich die Schicht in Rosario 20 m unter dem Wasserniveau des Parana befinden, während dort sicher ebenso alte, ich darf sagen, ältere Schichten bei niedrigem Wasserstande zu Tage treten, die mit Bestimmtheit festgestellt werden können, da sie aus äolischem Löss bestehen und von allen jün-

---

[1]) In den Werken, welche ich von Burmeister besitze, ist diese Tabelle nicht vorhanden.
[2]) „Formacion Pampeana", p. 287.

geren Schichten überlagert sind, die Ablagerung also keine Unterbrechung erlitten hat. Auch sind die unteren Schichten nicht überall von einer gleich mächtigen Schicht der oberen Formation überlagert, wie dies der Fall sein würde, wenn die Fossilien in einer bestimmten Tiefe liegen müssten, um dem Pampeano inferior angehören zu können.

Die Begriffe, die AMEGHINO von dem Pampeano inferior hat, erklären mir auch einige Gegensätze in unseren Tabellen über die Vertheilung der fossilen Säugethiere in der ganzen Bildung. So sagt er z. B., das *Scelidotherium leptocephalum* komme häufiger in dem Pampeano inferior vor, während sich von 31 verschiedenen Scelidotherien, von denen ich einen grösseren Theil des Skelets gefunden, nur 3 in dem Pampeano inferior und dagegen 12 in dem Pampeano superior befanden. Von *Hoplophorus* sagt er das Gleiche, während ich von 31 ebenfalls nur 5 in dem Pampeano inferior und 12 in dem Pampeano superior gefunden habe. Ja, ich schrieb im August 1881, bevor ich noch etwas von AMEGHINO's Publicationen kannte, an Prof. KARL VOGT nach Genf, dass ich schon lange im Zweifel sei, ob *Scelidotherium* und *Hoplophorus* gleichzeitig mit dem *Toxodon* etc. gelebt haben, da ich bis zu jener Zeit diese Thiere nur in den oberen und mittleren Schichten getroffen hatte.

Ferner kommt AMEGHINO, nachdem er die Fossilien behandelt, wie sie in den verschiedenen Stockwerken vorkommen, zum Schlusse, dass das *Typotherium* das einzige charakteristische Fossil des Pampeano inferior sei, da es in keiner der oberen Schichten vorkomme. Das *Typotherium* ist, wie sein Bau unzweifelhaft darthut, ein Säugethier, welches sich hauptsächlich im Wasser aufgehalten, und zwar allem Anschein nach wie *Hydrochoerus* nur in grösseren, fliessenden Gewässern. Weil die Reste desselben im Löss des Hafens von Buenos Aires öfters, im Innern der Pampas nach AMEGHINO aber gar nicht gefunden worden sind, so ist dadurch, auch wenn diese Angabe richtig wäre, noch nicht bewiesen, dass alle Schichten im Innern jünger sind als die des Hafens von Buenos Aires, sondern wir sehen daraus nur, dass grössere, fliessende Gewässer nicht, oder wenigstens nur selten vorhanden waren. Dies wird durch meine Funde bestätigt.

Ich habe in San Nicolas zwei vollständige Schädel mit anderen Skelettheilen und zwei vereinzelte Unterkiefer gefunden, und zwar lagen die beiden Schädel und der eine der Unterkiefer in fluvio-terrestrischen Ablagerungen. Der eine Unterkiefer befand sich im äolischen Löss des Pampeano inferior. Derselbe war vielleicht von einem Raubthiere dahin gebracht worden, da der vordere Theil mit den Schneidezähnen fehlte. Den anderen, auch nicht vollständig gebliebenen Unterkiefer fand ich ungefähr 4 Stunden von hier im Ufer des Arroyo Ramallo. Der eine Schädel nebst einem grossen Theil des Skeletes lag etwa 7 km von hier in einer senkrechten Wand der Barranca des Parana. Zu oberst lag nach meiner Schätzung eine 4--5 m mächtige äolische Lössschicht des Pampeano superior, darunter folgten 2 m äolischen Lösses des Pampeano intermediar, zuletzt kam bis zu der Stelle, wo die Reste lagen, eine 1.5 m mächtige fluvio-terrestrische Lössablagerung, die sich unter dem Deltaschlamm des Parana verliert. Der andere Schädel wurde beim Abgraben der Barranca behufs Errichtung einer Fabrik für gefrorenes Fleisch entdeckt. Der Ort befindet sich kaum eine Stunde unterhalb San Nicolas am Parana. Als die Knochen entdeckt wurden, benachrichtigte mich Herr Hübscher, der die Arbeiten zur Herstellung der Fabrik leitete, sofort, damit ich dieselben selbst ausgraben könne. Hier hatte ich nun Gelegenheit, die verschiedenen Ablagerungen bis in eine ziemliche Tiefe unter dem Wasserniveau des Parana genau zu messen. Es ergab sich folgendes stratigraphisches Profil:

| | | | |
|---|---|---|---|
| 1. Aeolischer Löss . | . | 3.85 m | Oberer Pampeano. |
| 2. Lacustrer Mergel . . . . | . | 1.22 „ | |
| 3. Fluvio-terrestrischer Löss bis zur Stelle, wo die Reste lagen | | 1.10 „ | |
| 4. Fluvio-terrestrisches Löss . | | 0.91 „ | Mittlerer Pampeano. |
| 5. Aeolischer Löss . | | 5.33 „ | |
| 6. Lacustrer Mergel | . . | 1.85 „ | |

Wasserniveau des Parana.

| | | | |
|---|---|---|---|
| 7. Fluvio-terrestrischer Löss . | | 3.76 „ | |
| 8. Aeolischer Löss . . . . | | 4.87 „ | Unterer Pampeano. |
| 9. Fluvio-terrestrischer Löss . | | 1.11 „ | |
| 10. Aeolischer Löss . . | | 2.50 „ | |
| 11. Sand | . . . | 3.20 „ | |

Summa: 29.76

Wäre nun das *Typotherium* das charakteristische Fossil des Pampeano inferior, so würde mehr als die halbe Höhe der ganzen Barranca bei San Nicolas dieser Formation angehören. Auch in Baradero habe ich Reste des *Typotherium* in der mittleren Pampasformation gefunden. Das Vorkommen des *Typotherium* kann durchaus nicht als Kennzeichen für das Alter eines Stockwerkes dienen. Trotz der zahlreichen Funde von fossilen Thierresten, die man aus der Pampasformation schon besitzt, genügt doch das Material noch lange nicht, um Schlüsse zu ziehen, die sich in Wirklichkeit bewahrheiten.

## III. Die Formation von Entre Rios.

Bevor ich die Entstehung der Pampasformation behandle, will ich eine kurze Beschreibung der Formation von Entre Rios folgen lassen, weil ich bei Besprechung der ersteren nothwendig auf letztere zu sprechen kommen muss.

**Physikalische Beschaffenheit.** Obschon das Terrain von Entre Rios noch als Flachland bezeichnet werden muss, so bildet dasselbe doch keine so vollkommene Ebene wie das der Pampas. Es wird kreuz und quer von unzähligen kleinen Thälern durchzogen, die gewöhnlich von einem grösseren oder kleineren Arroyo durchflossen werden, sodass man dieses Land eine hügelige Ebene nennen könnte. Die Hügel erreichen aber selten eine Höhe von 30 m; in früheren Zeiten sind sie entschieden höher gewesen.

Von Victoria bis nach La Paz treten dem Parana entlang drei Gebilde zu Tage. Zu oberst befindet sich eine Humusschicht, unter dieser folgt eine Lössschicht und unter der letzteren die Meeresablagerung oder besser gesagt, das Delta von Entre Rios[1]. Dieses hat schon das Interesse und die Bewunderung jedes sich mit naturwissenschaftlichen Studien befassenden Reisenden, der diese Gegend besucht hat, erweckt, indem ihm hier ein der Tertiärformation Europas ähnliches Gebilde schön aufgeschlossen zum Studium vorliegt. Für mich ist es schon deshalb von grossem Interesse, weil es den Untergrund der hier vorhandenen Lössformation bildet. Dieses Deltagebilde, wenn man nämlich eine Ablagerung so nennen darf, die in einem Meerbusen entstanden ist, in welchen unzählige Flüsse gemündet haben, besteht hauptsächlich aus Sand von verschiedener Farbe und verschiedenem Korn, ferner aus Thon und Muscheln führenden Kalk. Die Lagerungsverhältnisse sind je nach der Oertlichkeit sehr verschieden.

**Beschaffenheit der Schichten.** Im Hafen von La Paz befindet sich als oberste Schicht der Barranca eine Schicht Humuserde von beinahe 0.5 m Mächtigkeit; darunter folgt eine rostgelbe, etwa 5 m mächtige Lösslage von ähnlicher Beschaffenheit wie der Löss des Pampeano superior in San Nicolas; dann trifft man eine hellgraue, ziemlich sandhaltige Lössschicht, in welcher ziemlich viele Toscas vorkommen. Diese ist nicht ganz 10 m mächtig. Nach ihr kommt eine Sandschicht, welche die Grundmasse der Deltaablagerung bildet, hier aber nur eine

---

[1] Unter dieser Ablagerung habe ich bei niedrigem Wasserstande des Parana an zwei Stellen wieder eine Lössbildung getroffen.

Mächtigkeit von etwas über 10 m hat. Sie variirt etwas in Farbe und Grösse des Korns, doch ist die Grundfarbe gelblich grau. Unter dieser Sandschicht folgt ein rother, geschichteter Sand, der etwa 0.4 m mächtig ist, dann ein grau-gelber Sandstein von 0.5 - 1 m Dicke; derselbe zeigt ein nordöstliches Fallen. Darunter befindet sich ein rother Sandstein mit der nämlichen Neigung, wie der vorige, er ist aber theilweise in Quarzit verwandelt. Bei mittlerem Wasserstande des Parana ragt er nur wenig und nur stellenweise über den Wasserspiegel hervor.

Etwa eine Stunde oberhalb La Paz habe ich an Stelle des rothen Sandsteins eine Lössschicht getroffen, deren Löss sich weich anfühlt, fest gelagert ist und eine rothe Farbe hat; sie ragte nur wenig über den Wasserspiegel des Parana hervor und war, wie der rothe Sandstein, von einem grauen Sandstein überlagert. Burmeister[1]) erwähnt eine Thonschicht, die von La Paz bis Corrientes die Barranca bilde und von d'Orbigny studirt worden sei. Er bezeichnet dieselbe als Terciär inferior und sagt, dass sie beim Graben eines artesischen Brunnens in Buenos Aires unter dem marinen Sande, auf welchem die Pampasformation dort ruht, wieder getroffen worden sei und daselbst eine Mächtigkeit von 240 m habe.

Ganz kürzlich traf ich bei meiner zweiten Reise nach Entre Rios, die ich bei niedrigem Wasserstande des Parana unternommen hatte, bei der Ortschaft Diamante unter dem marinen Sande an einer Stelle eine ganz ähnliche Lössschicht, die auf eine Strecke von etwa 200 m dem Parana entlang etwas über das Wasser hervorragte. Ich befand mich in Begleitung des Herrn Monlezun von San Nicolas, welcher mich öfters auf meinen Excursionen begleitete und den Pampaslöss gut kennt. Als ich die Schicht entdeckte, rief ich ihn zu mir und fragte ihn, was er zu diesem Gestein sage. Seine Antwort lautete: „Das ist ja Löss, wie wir ihn in San Nicolas zu unterst im Flussbett bei der Mühle am Ramallo haben." – Ich hätte zwar der Bestätigung, dass es Löss des Pampeano inferior sei, nicht gebraucht, wollte aber sehen, ob Herr Monlezun ihn auch erkenne, da Löss von dieser Beschaffenheit in San Nicolas nur selten und blos in den tiefsten Niveaus des Pampeano inferior vorkommt.

Zu meinem grössten Bedauern wurde meine Reise plötzlich unterbrochen; eine dringende Angelegenheit rief mich nach Hause, und so konnte ich die Untersuchungen nicht weiter fortsetzen. Ich zweifle aber nicht daran, dass auch noch an anderen Stellen in Entre Rios Lössschichten bei niedrigem Wasserstande des Pa-

---

[1]) „Anales de Buenos Aires", p. 120.

rana zu Tage treten und meine schon lange gehegte Vermuthung bestätigen, dass die marine Ablagerung dort auf einer Lössformation ruht. Trotz meiner Bemühungen ist es mir aber nicht gelungen, mit Bestimmtheit zu ermitteln, ob dieser Löss mit dem betreffenden Löss der artesischen Brunnen in Buenos Aires identisch ist. Unter den Gesteinen, welche der Bohrer dort zu Tage förderte und die im dortigen Museum deponirt sind, befinden sich nur diejenigen des marinen Sandes; die der unteren Schichten fehlen ganz[1]). Dass aber der Löss, welcher sich unter dem marinen Sande in Entre Rios befindet, der nämliche ist wie derjenige, welcher an einigen Stellen zu unterst in der Pampasformation an die Oberfläche tritt, steht bei mir ausser Zweifel. Auch AMEGHINO hat kürzlich von einer Schicht gesprochen, die von ihm am Rio Lujan getroffen worden und älter sei als seine Formacion Pampeana. Es ist dies von grosser Bedeutung, ganz besonders für die Bestimmung des Alters der Pampasformation.

Bis etwa 10 Stunden unterhalb La Paz zeigen die Barrancas ziemlich die gleiche Beschaffenheit; nur bin ich dem rothen Sandstein nicht mehr begegnet, und die Schichten werden allmählich mächtiger und die Barrancas deshalb höher. Besonders nimmt der sich über dem marinen Sande befindende Löss an Mächtigkeit zu. Bis hierher habe ich keine fossilen Reste gefunden, dagegen kommen in allen Schichten, sowohl im Sande als auch im Löss und in der Humusschicht spärlich kleine Geröllstücke vor, von denen die grössten noch nicht den Umfang einer Baumnuss haben; die meisten derselben trifft man im Sand. Bei La Paz sind sie häufiger als weiter stromabwärts, wo sie immer seltener werden. Von hier an fand ich, anfangs seltener, weiter unten aber massenhaft, verkieseltes Holz im Sande eingelagert; auch traf ich im unteren Niveau desselben Reste von Landsäugethieren, Fischen, Reptilien, ferner Krebse, Koprolithen und hie und da auch Muscheln.

Bei der kleinen Ortschaft Cerritos verändert sich die Barranca wesentlich. Ein Flüsschen hat hier dieselbe durchbrochen. Von hier aus haben wir nun eine Meeresablagerung, und zwar zeigen die Barrancas von diesem Flüsschen an ziemlich die nämliche Beschaffenheit bis zu der Ortschaft Victoria, von wo an ich sie dann nicht mehr weiter verfolgt habe. Die abwechselnden Sand- und Thonschichten enthalten Muscheln in grosser Menge. Bei Victoria habe ich in der marinen Ablagerung keine Säugethierreste mehr gefunden; dagegen kommen solche im Löss,

---

[1]) BURMEISTER spricht zwar von rothem Thon und nicht von Löss, er bezeichnet aber auch den Pampaslöss als Thon.

der hier am mächtigsten entwickelt ist, sehr häufig vor. Zwei Stunden oberhalb der Stadt Parana habe ich das letzte Stück verkieselten Holzes gefunden. Die Barranca, auf der die Stadt Parana gebaut ist, scheint der Mittelpunkt der marinen Ablagerungen zu sein; hier kommen die mannichfaltigsten Veränderungen in Bezug auf Schichtung und Material vor.

Herr Bravard[1]) hat eine sehr detaillirte Schilderung von der Reihenfolge der Schichten zweier in der Nähe der Stadt Parana liegenden Stellen gegeben. Ich habe mich nicht lange genug in dieser Gegend aufgehalten, um alle die kleinen Abwechslungen so unterscheiden zu können, wie er es im Stande war; ich fand vielmehr die Grenzen der meisten Schichten ganz unbestimmbar. Als ich nach meiner Rückkehr von Entre Rios Bravard's Monographie las, welche Burmeister im dritten Bande der „Anales del Museo Publico de Buenos Aires" eben veröffentlicht hatte, war ich ganz erstaunt zu sehen, mit welcher Genauigkeit die Mächtigkeit jeder einzelnen Schicht angegeben war. Ich könnte nicht sagen, dass eine der Angaben nicht richtig wäre; die Reihenfolge und Zahl der Schichten ändert sich aber oft auf ganz kurzen Strecken sehr, und nur einzelne Ablagerungen dehnen sich auf grössere Flächen aus. Dessenungeachtet gebe ich hier die Reihenfolge der Schichten so an, wie sie Bravard von der Quebrada beim Kalkofen von Garrigo aufgezeichnet hat, da sie das beste Bild von der mannichfaltigen Abwechslung der Schichten giebt.

1. Humusreiche Ackererde (Tierra vegetal) . 1,00 m
2. Sandiger Thon (Löss), der in Bezug auf Material und Farbe dem der Provinz Buenos Aires ähnlich ist und auch wie dieser Kalkconcretionen enthält. (Fossilien hat Bravard in dieser Schicht nicht gefunden (!)) . . . . . . . 3,50 „
3. Sehr feinkörnige Erde von einer schmutzig weissen statt gelben Farbe. (Es ist dies Löss von weiss-grauer Farbe) . . . . . . . 2,20 „
4. Feinkörniger, geschichteter Sand, sehr hart, von grauer Farbe, mit Austern, *Pecten* und Abdrücken von anderen Muscheln . . . 1,00 „
5. Harter Kalkstein mit unregelmässigen, kleinen Hohlräumen, die inwendig mit Kalkconcretionen angefüllt sind. Es befanden sich wenige Muscheln darin . . . . . . . . 0,20 „

[1]) „Monografia de los Terrenos marinos terciarios de las Cercanias del Parana."

6. Feinkörniger, geschichteter, weisser
 Sand . . . . . . . . . . . 0,20 m
7. Kalkstein, ähnlich demjenigen von Schicht 5 0,55 „
8. Geschichteter, grünlicher Thon . . 0,10 „
9. Weisse Kalkbreccien, ohne Fossilien . . 0,15 „
10. Geschichteter Kalkstein mit kleineren Hohlräumen, als die Schichten 5 und 7 zeigen . 0,35 „
11. Kalkhaltiger, geschichteter, weisser Sand, in welchem man Austern und mitunter, wenn auch selten, Steinkerne von *Area* und *Cytherea* findet . . . . . . . . . . 0,55 „
12. Geschichteter Kalkstein. Dieser weist eine eigenthümliche Schichtung auf; statt dass die Schichten parallel laufen, fallen sie sammt den unteren mit einem Winkel von fast 10° nach Nordosten ein . . . . . . . . . 0,80 „
13. Weisser Quarzsand, manchmal durch Kalkcement zu einer festen Masse verkittet, der in diesem Falle mit Säuren aufbraust (Sandstein) 0,10 „
14. Grünlicher, aussergewöhnlich feiner Thon, der von ganz dünnen Sandschichten in horizontaler Richtung durchzogen ist . . . 0,20 „
15. Feiner, weisser Sand mit sehr vielen Austern. Dieser Sand bildet cylindrische Verästelungen, die in die unteren Thonschichten eindringen, ja diese manchmal ganz durchkreuzen. Sie haben einen Durchmesser von 3—10 und manchmal noch mehr Centimeter und verzweigen sich unregelmässig wie die Wurzeln von Bäumen. Manchmal sind sie von Manganoxydflecken ganz bedeckt. Aus den angegebenen Gründen ist die Mächtigkeit dieser Schichten sehr veränderlich und deshalb schwer zu bestimmen; nichtsdestoweniger schätzt BRAVARD sie annähernd auf . 0,15 „
16. Grünlicher Thon, ähnlich der Schicht No. 14, mit Abdrücken von *Cytherea* . . . . . 0,50 „
17. Geschichteter Sand mit Kalkcement? (wohl Sandstein) mit gegen 20 abwechselnd weiss und schwarz gefärbten Lagen; die schwarzen werden ihre Farbe dem in beträchtlicher Menge vorkommenden Manganoxyd zu verdanken haben 0,20 „
18. Sehr feiner, geschichteter, grünlicher Thon; die Schichten sind durch ganz dünne Lagen von weissem, mit Kalkstaub gemischtem

Sand getrennt. Diese Schicht enthält zahlreiche Abdrücke einer *Cytherea*-Art, welche verschieden ist von der in den übrigen Schichten vorkommenden, und in den dünnen weissen Sandlagen befanden sich einige sehr unvollständige Gehäuse einer Schnecke, wahrscheinlich *Phasianella*. Leider waren die Reste so unvollständig, dass sie nicht mit Sicherheit bestimmt werden konnten . . . . . . . . . . . 0,55 m

19. Grünlicher Thon, der sich sehr gut zur technischen Benutzung eignen würde, weil gar keine fremden Einschlüsse darin vorkommen . 1,00 „
20. Schwärzlicher, sehr feiner Sand, in welchem Austern vorkommen . . . . . . . 0,15 „
21. Grünlicher Thon, ähnlich demjenigen der Schicht 19 . . . . . . . . . . . . 0,30 „
22. Sehr harter, feinkörniger, dunkler Sand, der fester gelagert ist als alle übrigen Schichten und an den Abhängen gleich einem Gesimse vorsteht . . . . . . . . . . . 0,08 „
23. Thon, ähnlich demjenigen der Schichten 19 u. 21   0,70 „
24. Grünlicher, thoniger Sand . . . . . 0,15 „
25. Grünlicher, sandiger Thon, mit Austern . 0,30 „
26. Austernbank, deren Schalen durch einen grauen Sand zusammengehalten werden . . 0,15 „
27. Grünlicher, thoniger Sand. Diese Schicht ist durch eine Muschelbank in zwei gleiche Hälften getheilt; in derselben herrscht eine *Arca*-Art vor, welche verschieden ist von der *Arca Bonplandiana*, die d'Orbigny und Darwin in einer benachbarten Barranca gefunden haben . . .  1,20 „
28. Muschelbank, deren Schalen in einem gelbgrünen Sande gelagert sind. Die zusammengehörenden Schalen der Muscheln finden sich fast immer auf einander; sie gehören hauptsächlich folgenden Arten an: 1. *Ostrea Patagonica* und *O. Alvarezi*, 2. *Pecten Paranensis* und *P. Darvini*, 3. *Arca Bonplandiana* und mitunter, wenn auch selten, die in der vorhergehenden Schicht so häufig vorkommende *Arca*-Art. 4. Verschiedene Cardien, darunter *Cardium platense*, 5. *Venus Münsteri*. 6. Wahrscheinlich die Muschel, die d'Orbigny für eine neue *Tellina*-Art hielt . . . . . . . 0,30 „

29. Bunter, thoniger Sand, welcher, abgesehen von Farbe und Härte, eine sehr homogene Masse bildet. In demselben, sowie auch in den benachbarten Lagen kommen sehr häufig Reste von Fischen und Reptilien vor, sowie abgeschliffene Steinkerne von Muscheln und Koprolithen von Säugethieren. Diese Sandschicht verliert sich unter der Delta-Ablagerung des Parana, weshalb ihre Mächtigkeit nur bis zum Wasserniveau des Flusses angegeben werden kann. (In dem dieser Schicht entsprechenden Sande hat Bravard Reste von Säugethieren, einem Nager, einem *Anoplotherium* und *Palaeotherium* gefunden. Er ist der Ansicht, dass sowohl die Steinkerne der Muscheln als die Koprolithen und Säugethierreste von Bächen oder Flüssen aus einer älteren Formation ausgewaschen und hier wieder abgelagert worden seien, also einer älteren Periode als diese marinen Sandlager angehören.) . . . . . . . . . . . 13,00 m

Totale Höhe der Barranca: 32,63 m.

Von Cerrito bis nach Victoria trifft man überall in den marinen Schichten Ablagerungen von solchem Material, wie die Meereswogen an den flach in's Meer sich senkenden Ufern es auswerfen. Manche Kalksteingruben bestehen nur aus Muschelfragmenten und Sand, wie ich an der Meeresküste bei Bahia Blanca Gelegenheit hatte, aus solchem Material bestehende Wälle zu sehen, welche das Meer bei Eintritt der Ebbe zurücklässt. Dort wie hier findet man in diesen Ablagerungen vereinzelte, gut erhaltene, vollständig mit Sand und Schalfragmenten ausgefüllte Muscheln; auch finden sich darin nicht selten Knochenstücke und Zähne von Fischen. Solche Auswürfe kommen in allen Niveaus vor, jedoch häufiger in den unteren als in den oberen; oft trifft man mehrere in gewissen Abständen über einander gelagert. Ebenso oft sieht man Austernbänke in geringen Abständen über einander liegen, welche, unter sich parallel, in den Barrancas hinziehen. Manchmal sind sie auch in fast horizontaler Lagerung über grosse Flächen ausgedehnt.

Die Landsäugethiere habe ich stets nur in Ablagerungen getroffen, die sich hauptsächlich durch eine dunklere Farbe von dem übrigen Gestein unterscheiden und blos in den unteren Niveaus vorkommen. Ich zweifle sehr, ob sie überall im Sande getroffen werden, wie dies mit den Muscheln und dem Holze der

Fall ist. Sehr oft habe ich Reste von Landsäugethieren in der Höhe des Wasserniveau's des Parana gefunden, welche sich nicht mehr an ihrer ursprünglichen Lagerstätte befanden. Das Wasser des Parana unterwühlt nämlich beständig die aus Sand bestehenden Barrancas, wodurch Einstürze erfolgen. An solchen Stellen schwemmt dann das Wasser den Sand und das leichtere Material weg, während das gröbere Material und die Fossilien zurückbleiben.

Dass Land- und Meeresthiere nicht mit einander gemischt vorkommen, ist eine ganz falsche Behauptung; ich habe sie sehr oft in ihrer ursprünglichen Lagerung bei einander gefunden. Oberhalb der Stadt Parana befindet sich z. B. ein Sandsteinlager, in welchem massenhaft Land- und Meeresthiere vorkommen. An dem abgeschliffenen und polirten Aussehen der Knochen der Landthiere ist deutlich zu erkennen, dass sie von fliessenden Gewässern dahin gebracht worden sind, wo wir sie eingelagert finden, wenn auch manche derselben keinen weiten Transport erlitten haben dürften. Die Ansicht Bravard's, dass sie aus einer älteren Erdschicht vom Wasser ausgewaschen und auf secundäre Lagerstätte gebracht worden seien, ist entschieden unrichtig. Ich habe viele Thierreste, darunter namentlich auch Kieferstücke gefunden, die eine solche Behandlung nicht ausgehalten hätten. Diese müssen im Gegentheil in ganz frischem Zustande hierher transportirt worden sein, damit sie so gut erhalten bleiben konnten. Bravard hat übrigens nur sehr wenige Reste von Säugethieren hier gefunden; die hierher gehörigen Funde stammen aus ganz neuer Zeit. Auch aus den Lössschichten, die sich über der marinen Ablagerung befinden, kannte man früher keine Fossilien. Ich habe meine Funde in diesen Schichten hauptsächlich in der Gegend von Victoria bis nach Diamante gemacht und ziemlich das Nämliche gefunden wie in der Pampasformation. Von der Stadt Parana an weiter stromaufwärts habe ich im Löss keine Fossilien mehr entdeckt; ich will damit jedoch nicht behaupten, dass keine vorkommen, denn ich hatte mein Hauptaugenmerk auf die marine Ablagerung gerichtet. Dagegen findet man hier sehr viel Gyps im Löss eingelagert; ja beinahe aller Gyps, der hier zu Lande verbraucht wird, stammt aus diesen Schichten.

Obschon die Grenzlinie zwischen dem Löss und der darunter liegenden Sandschicht keine scharfe ist, kann man diese doch vom Wasser aus schon von Weitem erkennen. Die hellgraue Lössschicht, die bei La Paz eine ziemliche Mächtigkeit hat, verliert sich bei Diamante ganz. Während von La Paz an ungefähr 100 km stromabwärts die Lössschicht sich in einer gewissen Höhe parallel mit dem Wasserniveau des Parana hinzieht, ist weiter unten die Mächtigkeit der marinen und Lössschichten viel unregelmässiger, indem die Barranca in ihrer ganzen Höhe manchmal nur aus marinen Schichten, manchmal, wenn auch seltener, nur aus Löss besteht.

**Organische Reste der Deltabildung.** Ich lasse hier ein Verzeichniss der Land- und Meeresthiere folgen, welche in den marinen Ablagerungen gefunden worden sind. Die Landsäugethiere sind von Herrn AMEGHINO bestimmt und im Boletin der Akademie von Cordoba mit kurzen Angaben der Hauptcharaktere aufgeführt worden. Da er die bedeutende Sammlung von SCALABRINI bearbeitete, so stellte ich ihm auf seinen Wunsch hin auch meine Säugethierreste, die ich damals aus diesen Ablagerungen besass, zur Verfügung. Ich nenne nur die Namen und verweise im Uebrigen auf genanntes Boletin.

Die Meeresthiere führe ich so an, wie sie BRAVARD aufgezählt hat. Leider hat er die neuen Arten, welche er gefunden, nur mit Namen belegt, ohne sie zu beschreiben. Die Sammlung wurde später Privateigenthum BURMEISTER's, der sie aber auch nicht beschrieben hat, obschon er die Monographie BRAVARD's reproducirte. Ich kann also nicht wissen, ob sich die von mir gemachten Funde mit jenen Namen decken.

## Carnivora.
### Ursina.
*Cyonasua argentina* AMEGH..
*Arctotherium retustum* AMEGH.

## Rodentia.
### Eryomyina.
*Lagostomus antiquus* AMEGH..
*Megamys patagoniensis* LAUR..
— *Laurillardi* AMEGH..
— — *depressidens* AMEGH.,
— *Holmbergi* AMEGH.,
— — *laevigatus* AMEGH.,
— — *Racedi* AMEGH..

### Muriformia.
*Myopotamus paranensis* AMEGH.

### Cavina.
*Hydrochoerus paranensis* AMEGH..
*Cardiatherium Doeringi* AMEGH..
— — *petrosum* AMEGH.

Cardiatherium denticulatum Amegh.,
— minutum Amegh.,
Procardiatherium simplicidens Amegh..
— crassum Amegh.,
Cardiomys carinus Amegh.,
Cardiodon Marshi Amegh..
— Leidyi Amegh.,
Procavia mesopotamica Amegh..
Caciodon multiplicatus Amegh.
Vielleicht hierher gehörig
Paradoxymys cancricorus Amegh.,
— sp. nov. A..
— sp. nov. B.

### Pentadactyla.

#### Toxodentia.

Toxodon paranensis Laur.,
— plicidens Amegh.,
— foricurcatus Amegh.,
Toxodontherium compressum Amegh.,
Haplodontherium Wildei Amegh.

#### Typotheridea.

Protypotherium antiquum Amegh.

### Perissodactyla.

#### Macranchenidea.

Scalabrinitherium Brurardi Amegh..
— Rothi Amegh.,
Oxyodontherium Zeballosi Amegh.,
Mesorhinus piramidatus Amegh.,

#### Equina.

Hipphaplous entrerianus Amegh.

#### Tapiroidea.

Ribodon limbatus Amegh.

### Artiodactyla.

#### Anoplotheridea.

Brachytherium cuspidatum Amegh.

#### Protorercina.

Proterotherium cervioides Amegh.

### Edentata.

#### Tardigrada.

Octotherium laticurcatum Amegh.,
Olygodon pseudolestoides Amegh.

## Gravigrada.
### Mylomorpha.
Promegatherium smattatum AMEGH.,
Megatherium antiquum AMEGH..
Stenodon modicus AMEGH.,
Grypotherium Darwini ? OWEN.
Interodon crassidens AMEGH..
Mylodon? ambiguus AMEGH..
Promylodon paranensis AMEGH..
Pseudolestodon (sp.?).
### Rodimorpha.
Lestodon antiquus AMEGH.,
Diodomus Copei AMEGH.,
Pliomorphus mutilatus AMEGH.,
— robustus AMEGH.

## Loricata.
### Glyptodontia.
Palaehoplophorus Scalabrinii AMEGH..
— pressulus AMEGH..
Eurgurus internudatus AMEGH..
Protoglyptodon primiformis AMEGH.
### Mesodontia.
Chlamydotherium paranense AMEGH.

## Pinnipedia.
### Phocina.
Otaria Fischeri GERV. u. AMEGH.

## Cetacea.
### Zeuglodontidea.
Saurocetis argentinus BURMEISTER.
### Delphinoidea.
Palaeopontoporia paranensis BRAV.
### Balaenoidea.
Balaena dubia BRAV.

## Reptilia.
Emys paranensis BRAV.,
Crocodilus australis BRAV.,
Schlange.

## Pisces.
### Chondropterygii.
Squalus coccnus BRAV..
— obliqudens BRAV..

*Lamna unicuspidens* Brav..
   *elegans* Ag..
- -  *amplibasidens* Brav..
-   *serridens* Brav..
*Myliobates americanus* Brav..
    Acanthopterygii.
*Sargus incertus* Brav..
*Sparus antiquus* Brav..
*Silurus Agassizi* Brav.
   **Mollusca.**
    Pectinibranchia.
*Margarita punctulata* Brav..
 -   *striata* Brav..
*Scalaria minuta* Brav..
*Littorina gigantea* Brav..
*Phasianella fossilis* Brav..
*Cerithium americanum* Brav..
*Voluta alta* Sowerby, Darwin.
    Acephala.
*Ostrea patagonica* d'Orb..
 —  *Alvarezi* d'Orb..
- -  *elongata* Brav..
 —  *strangulata* Brav..
 —  *entresiana* Brav..
 —  *axillata* Brav..
 —  *foliiformis* Brav..
 —  *excavata* Brav..
- -  *semitabulata* Brav..
-   *agglomerans* Brav..
*Pecten paranensis* d'Orb..
---  *Darwinianus* d'Orb..
*Anomia pileata* Brav..
*Osteophorus typus* Brav..
*Arca Bouplandiana* d'Orb..
 -  *obliqua* Brav..
 —  *strangulata* Brav..
*Mytilus trigonus* Brav..
*Lithodomus ostricola* Brav..
*Cardium multiradiatum* Sow..
  —  *platense* d'Orb..
  —  *suborbiculare* Brav..
  —  *squamiferum* Brav..
  —  *pygmaeum* Brav..

*Coleopsis striata* Brav.,
*Lucinopsis concentrica* Brav.,
*Cytherea Muensteri* d'Orb.,
*Venus elongata* Brav.,
— *meridionalis* Sow.,
*Solen.*

## Cirripedia.
*Balanus foliatus* Brav.,
— *subconicus* Brav.

## Crustacea.
*Homarus meridionalis* Brav.

## Echinodermata.
*Asterias du Grati* Brav.

Bravard stellt nun Vergleiche an zwischen den Fossilien dieser Sedimente und denjenigen anderer Gegenden, um die Altersperiode dieser Formation zu bestimmen, und lässt die Entstehungsursache beinahe ganz ausser Acht. Burmeister ist meines Wissens der Einzige, der diese Gebilde studirt und sich einigermaassen mit der Erklärung ihres Entwicklungsprocesses beschäftigt hat. Seine eigenen Beobachtungen beschränken sich jedoch auf die Barrancas bei der Stadt Parana. Bis jetzt sind überhaupt nur die Barrancas dem Parana entlang genauer bekannt geworden; von der Bodenbeschaffenheit im Innern des Landes wissen wir noch beinahe nichts. Solche Forschungsreisen sind gewöhnlich zu zeitraubend und kostspielig, als dass sie mit Privatmitteln ausgeführt werden könnten. Aus diesem Grunde musste auch ich mich auf die Untersuchung der Küste des Parana beschränken.

**Bildungsgeschichte der Deltaformation.** Die Ansicht Burmeister's über die Bildungsgeschichte dieser Formation ist im Wesentlichen folgende: Diese Sedimente lagerten sich in der Nähe der Küste einer Meeresbucht ab, aber den hier im unteren Theile der Schichten häufiger vorkommenden Thonablagerungen nach zu schliessen, konnte da, wo sich heute die Barranca des Parana befindet, im Anfange der Bildung dieser Formation nicht die Küste selbst gewesen sein, sondern ein Theil des weit von derselben entfernten Oceans. Darauf lagerten die Flüsse und Bäche beständig Material in diese Meeresbucht ab, und letztere wurde so immer seichter, bis sich mit der Zeit die Austern ansiedeln konnten. Ueberhaupt deuten die mannichfaltigen, in geringen Abständen so viele örtliche Verschiedenheiten darbietenden Ablagerungen auf einen mannichfach veränderten Bildungsprocess hin, und die Strömungen, welche das Material der Formation transportirten und ablagerten, wurden zu Zeiten ganz andere als sie bisher gewesen waren.

Ich stimme Burmeister's Ansichten im Wesentlichen bei, glaube aber, dass bei Beginn der Bildung der untersten uns zugänglichen Schichten da, wo heute die Barranca des Parana sich befindet, ein Meeresufer war, weil die Landthiere, sowie die erwähnten Auswürfe in den untersten Schichten der Barranca vorkommen. Später senkte sich dieses Meeresufer so bedeutend, dass es ganz vom Meerwasser überfluthet wurde und die Austernbänke entstehen konnten, welche sich in den oberen Schichten befinden.

Wenn man die allgemeinen Erscheinungen in Betracht zieht, welche sich in diesen Sedimenten darbieten, so lassen sich folgende Thatsachen mit Sicherheit feststellen:

Diese Gegend hat zu jener Zeit bis etwas über Cerrito hinauf eine seichte Meeresbucht oder Lagune gebildet, in welche neben unzähligen kleinen Flüssen ein Strom, vielleicht von der Grösse des La Plata, gemündet hat. Das letztere ersehen wir daraus, dass in den Sedimenten von La Paz an bis in die Nähe von Cerrito keine Meeresthiere oder wenigstens nur in den untersten Schichten vorkommen, wohl aber Landthiere und verkieseltes Holz. Wir haben es hier ohne Zweifel mit einer fluvio-terrestrischen Ablagerung zu thun, die von einem grossen Strome herrührt. Als ich die ersten Stücke verkieselten Holzes sah, hielt ich dieselben für Treibholz, wie der Parana heute solches an den Ufern ablagert, und ich wurde erst, als ich zufällig mit dem Fusse an ein solches Stück stiess, auf die Erscheinung aufmerksam. Da ich anfänglich keines in den Barrancas eingelagert sah, war ich fast geneigt, zu glauben, dass das Wasser des Parana wirklich die Eigenschaft besitze, Holz zu silicifiziren, wie sich die Leute hier erzählen. Später, als solches Holz häufiger vorkam, habe ich es auch massenhaft in den Sandschichten der Barrancas eingelagert gefunden. Dasselbe hat ganz das Aussehen des Treibholzes. Da, wo die fluvio-terrestrischen Ablagerungen aufhören und die wirklichen marinen Ablagerungen anfangen, wird das Holz seltener. Bei der Stadt Parana habe ich keines mehr getroffen.

Dass sich zur Zeit, da dieses Material abgelagert wurde, von Cerrito an abwärts die Barranca entlang eine Meeresküste befunden hat, beweisen auch schon die häufigen Auswürfe von Sand- und Muschelfragmenten, die sich hier vorfinden. Solche Wälle können nur an einer sanft in's Meer abfallenden Küste entstanden sein. Auch die Art und Weise, in der wir hier Land- und Seethiere zusammengelagert finden, bedingt eine solche Meeresküste. Es unterliegt keinem Zweifel, dass diese Reste mit anderem beweglichem Material von den Wogen am Ufer ausgeworfen worden sind. Dieser Meerbusen muss unbedingt von einem weit ausgedehnten Flachlande begrenzt worden sein, in welchem weit und breit sich keine Gebirge befanden. Die unzähligen Flüsse, durch welche die Landthiere hierher gebracht wurden, mussten unbedingt ein weites Flachland durchfliessen, wo sie ihr grobes Material ablagerten, bevor sie in's Meer mündeten, da in den Sedimenten gar keine Gerölle zu finden sind. Nur sehr selten findet man hier noch vereinzelte, stark abgerundete Rollsteinchen, von denen nur wenige die Grösse einer Wallnuss erreichen. Würde man hier nicht so häufig Landthiere finden, so könnte man glauben, dass man es mit der Küste eines offenen Meeres zu thun habe, in welches weit und breit kein Fluss gemündet habe, und dieses gleichmässige, feine Material von den Meereswogen hierher gebracht worden sei.

Welches Land aber hat nun die Küste dieser Meeresbucht gebildet, wenn die Gegend der heutigen Pampasformation zu jener Zeit ein offenes Meer gewesen ist, wie es nach den Theorien d'Orbigny's, Darwin's, Burmeister's, Ameghino's etc. der Fall sein soll?[1]) Soviel bekannt ist, bestehen die Länder, welche nördlich und östlich von diesem Gebiete liegen, aus hartem, felsigem Gestein, und wir müssten ganz bestimmt grobes Geröll, wie es die jetzigen Flüsse jener Gegenden heute in dem Rio Uruguay ablagern, häufig im Sande eingebettet finden.

Denken wir uns aber diese Gegend von Cerrito abwärts als einen Meerbusen, in welchen ein grosser Strom gemündet hat, und das Gebiet der Pampasformation als Festland, sodass der rothbraune Löss das sanft in's Meer abfallende Ufer bildete, so haben wir für diese Meeresablagerung eine Erklärung, welche mit allen beobachteten Thatsachen im Einklange steht. In der Pampasebene können die Flüsse, welche in den Meerbusen gemündet, ihr grobes Material zurückgelassen haben; hier können die Thiere gelebt haben, deren Reste durch die Bäche dahin gebracht worden sind, wo wir sie jetzt finden; und an solchen Ufern können jene Auswürfe von Muschelfragmenten und leicht beweglichem Material entstanden sein, die so häufig in den Barrancas vorkommen.

---

[1]) Auch Burmeister, Ameghino und andre neue Forscher glauben, dass sich überall unter dem Löss eine Meeresablagerung befinde, die mit derjenigen von Entre Rios gleichzeitig sei.

Ganz die nämlichen marinen Ablagerungen, wie diejenigen, aus welchen die Barrancas eines Theiles der Provinz Entre Rios bestehen, sehen wir heute in der Bucht von Bahia Blanca über dem Löss sich bilden, nur mit dem Unterschiede, dass die eingeschlossenen Muscheln recenten Arten angehören.

Welche Erscheinungen stehen also mit der Annahme, dass die Region der Pampasformation zu jener Zeit Festland gewesen ist, im Widerspruche? An Thatsachen keine einzige, sondern allein die Annahme, dass die ganze Pampasformation auf einer Meeresablagerung ruhe. Auch zugegeben, dass diese Voraussetzung richtig wäre, könnte deshalb nicht gleichwohl diese Gegend schon Festland gewesen sein, als noch ein Theil von Entre Rios unter Wasser stand? Müssen sich denn beide Gegenden gleichzeitig über das Wasser gehoben haben? Mit Bestimmtheit wissen wir nur von der Umgebung von Buenos Aires, dass sich unter dem Löss eine Meeresablagerung befindet. Jene Sandschichten, auf welche man in Mercedes, Provinz Buenos Aires, beim Graben artesischer Brunnen gestossen ist, können ebenso gut fluvio-terrestrische Ablagerungen sein, denn Meeresmuscheln sind darin noch nicht gefunden worden. Da der betreffende Sand mit demjenigen von Buenos Aires identisch ist, so kann derselbe von einem Flusse herrühren, der seiner Zeit in das Becken von Buenos Aires gemündet hat.

Leider sind in anderen Gegenden der Pampasformation bis jetzt nur wenige Sondirungen gemacht worden; dennoch kennen wir Stellen, wo man in einer Tiefe von 100 m noch immer Löss hatte, so z. B. nach AGUIRRE in Maipu, welches nur 20 m über dem Meeresspiegel liegt. Obwohl die Muscheln, welche bei den Bohrungen in Buenos Aires im Sande gefunden wurden, identisch sind mit denjenigen von Entre Rios, so liegen doch zwingendere Gründe vor, welche darthun, dass die marinen Ablagerungen von Buenos Aires älter sind als diejenigen von Entre Rios und erstere Gegend schon Festland war, als letztere noch unter Wasser stand. Ich werde die Gründe dafür später erörtern.

Gegen die Annahme, dass die Gegend der Pampasformation einen Theil des Festlandes gebildet habe, welches die Meeresbucht von Entre Rios begrenzte, sprechen gar keine zwingenden Gründe, wohl aber haben wir einige Beweise für die Richtigkeit dieser Annahme. So kennen wir schon zwei Stellen, wo die fraglichen Schichten auf Löss ruhen, und dass dieser eine terrestrische Ablagerung ist, wird von keinem hiesigen Geologen von Bedeutung mehr bezweifelt. Ferner sind uns auf derjenigen Seite des Parana, wo sich die Pampasformation befindet, einige Spuren der Formation von Entre Rios im Löss erhalten geblieben. In der Nähe von San Pedro befindet sich in der mittleren Pampasformation eine Austernbank, deren Muscheln häufig in der Meeresablagerung von Entre Rios vorkommen. Vor Jahren, als ich die Gegend von Entre Rios noch nicht kannte, brachte ich einige dieser Muscheln Herrn BURMEISTER. Er sagte mir, dass es eine Auster aus den Tertiärschichten von Entre Rios sei, und fügte hinzu, er besitze viel besser erhaltene Exemplare, fragte mich aber nicht, wo ich die Muscheln gefunden habe. Eine Stunde von der Ortschaft Baradero entfernt befindet sich eine auf der unteren Pampasformation aufruhende Sandbank, in welcher ich Zähne und Knochentrümmer von Säugethieren und Fischen, wie man sie in Entre Rios trifft, gefunden habe. Wie ich schon früher erwähnte, befindet sich auch in den Barrancas in der Gegend von San Nicolas an einigen Stellen eine Flussablagerung in der mittleren Pampasformation, die unverkennbar aus dem gleichen Material besteht wie die Sedimente bei Parana; ja ich habe auch die dort vorkommenden kleinen, weissen Kieselrollsteinchen darin gefunden. Auch die Thierreste, welche diese Flussablagerung enthält, sind identisch mit denjenigen, die in jenen Sedimenten gefunden werden.

Herr BRAVARD schreibt, dass die untere Hälfte der Barrancas bei San Lorenzo, welche sich gegen Rosario zu unter dem Wasserspiegel des Parana verlieren, aus gleichen marinen Schichten bestehe, wie die marinen Ablagerungen in Entre Rios. Ich habe diese Barrancas bei niedrigem Wasserstande des Parana untersucht, aber nirgends marine Schichten entdecken können. Wohl befinden sich im unteren Niveau der Barranca lacustre Ablagerungen, die stellenweise etwas sandiger und mehr von graulicher Farbe sind als die lacustren Ablagerungen in der Pampasformation, und ich muss annehmen, dass BRAVARD diese für marine Schichten angesehen hat. In der That kommen auch Ablagerungen von ganz ähnlichem Material und ähnlicher Beschaffenheit in den marinen Schichten von Entre Rios vor; ich habe aber in den fraglichen Schichten bei San Lorenzo nicht das kleinste Fragment organischer Reste marinen Ursprungs entdecken können, obschon ich gerade darauf meine Aufmerksamkeit richtete. Dagegen fand ich einen Schädel von *Palaeolama*, Zähne von *Toxodon* und *Mastodon*, Panzerplatten von *Glyptodon* und *Panochthus*, Knochen von *Lestodon* und *Mylodon*, sowie von *Equus* — alles Reste von Thieren, welche in der Pampasformation häufig vorkommen.

Obschon ich lacustre Ablagerungen von so grosser Ausdehnung und Mächtigkeit sonst noch nirgends in der Pampasformation getroffen habe, so nehmen sie doch lange nicht die Hälfte der Barrancas ein, wie BRAVARD angiebt. Es mag Stellen geben, wo sie eine Mächtigkeit von 5 m erreichen, aber durchschnittlich darf man sie nicht über 2 m veranschlagen. Obschon man diese Ablagerungen bis über Rosario hinaus ungefähr im nämlichen Niveau verfolgen kann, so bilden sie doch keine durchgehende Schicht, da sie gewöhnlich auf kurze Strecken von rothbraunem Löss unterbrochen werden. Wenn diese Ablagerungen wirklich identisch wären mit denjenigen von Parana, so hätten wir hier einen der besten Beweise für die Annahme, dass die Pampas zur Zeit jener Ablagerungen Festland gewesen seien, da diese Schichten auf dem Löss der unteren Pampasformation ruhen, während BRAVARD durch sie eine Meeresablagerung unter dem Pampaslöss nachweisen wollte. Ich bezweifle nicht, dass diese lacustren Ablagerungen mit jenen marinen Ablagerungen gleichzeitig entstanden, wohl aber sehr, dass sie gleichen Ursprungs sind. Sie haben ihre Entstehung ganz entschieden den gleichen Ursachen zu verdanken, wie alle übrigen lacustren Ablagerungen der Pampasformation.

Unzweifelhaft trat in Entre Rios eine Hebung des Terrains ein, nachdem die Sedimente abgelagert waren, während die Pampasformation sich in Senkung befand. In Folge davon suchten die Wasser des Flusses, welcher bei Cerrito in die Meeresbucht gemündet, ihren Abfluss nach der Barranca auf der Seite der Pampasformation und nicht mitten durch die Meeresablagerung. Es scheint, dass die Pampas fortfuhren, sich zu senken bis in verhältnissmässig neue Zeit. Erst nachdem die Brackwassermuschelbänke bei San Pedro abgelagert waren, trat wieder eine Hebung ein, wie wir dies an den Muschelbänken der Meeresküste entlang von Buenos Aires bis Bahia Blanca erkennen können.

## IV. Die Entstehung des Pampaslösses.

Verschiedene Theorien. — Jedem Forscher, der sich mit dem Studium der Pampasformation beschäftigt hat, ist die homogene Beschaffenheit dieses Gesteins aufgefallen, das hier über eine so grosse Fläche ausgebreitet ist, und Jeder hat versucht, die Entstehungsursache zu erklären. Es ist leicht begreiflich, dass die älteren Autoren sie für eine Meeresablagerung hielten, da eine terrestrische Ablagerung von solcher Ausdehnung und so gleichmässigem Material bei den früheren geologischen Begriffen gar nicht erklärlich war. Auffallend ist dagegen, dass man heute noch zu keiner einheitlichen Ansicht über die Ursache ihrer Entstehung gekommen ist. Der Grund hiervon wird wohl zumeist darin liegen, dass ein Jeder seine Theorien, die gewöhnlich nur auf ganz örtlich gemachten Studien fussen, auf das ganze Gebiet anwendet. Einer der grössten Fehler bleibt aber der, dass viele Forscher nach der vorhandenen Literatur eine Entstehungstheorie ausstudirt und dann die Beweise für ihre Richtigkeit in den Pampas gesucht haben, statt dass sie eine Theorie nach den vorhandenen Thatsachen aufstellten und den Bildungsprocess zu erklären suchten, indem sie die hier wirkenden Kräfte beobachteten. Dabei verfielen sie auf die grössten Widersinnigkeiten, indem sie die Entstehung der Pampas durch Naturkräfte zu erklären suchten, die früher hier gewirkt haben sollten, heute aber nicht mehr fortwirken. Sie schenkten der Umwandlung, welche sich gleichsam vor unseren Augen vollzieht, keine Aufmerksamkeit, indem sie glaubten, die Pampas hätten schon seit Jahrtausenden aufgehört, sich weiter zu bilden.

Es würde zu weit führen, wenn ich alle Theorien erörtern wollte, die von den verschiedenen Forschern über die Entstehung der Pampasformation aufgestellt worden sind. Ich bespreche hier nur kurz diejenigen Bravard's, Burmeister's und Ameghino's, welche Forscher zu dem einheitlichen Resultat gekommen sind, dass die Pampasformation eine terrestrische Ablagerung sei und die Säugethiere, deren Reste wir im Löss finden, hier gelebt haben.

Bravard ist der Ansicht, dass die Pampasformation eine Dünenbildung sei; er nennt sie sogar „Dunas quaternarias". Er glaubt, dass starke Winde den feinen Sand der Dünen, welche der Meeresküste entlang entstanden, auf der Pampasebene abgelagert und ausserdem auch die vulkanische Asche der vielen erloschenen Andenvulkane über die grosse Fläche zerstreut haben. Er ist der Ansicht, dass nur der Wind das Agens sein könne, welches den Löss in solcher Weise ablagern konnte, da jede andere Annahme mit den hier vorkommenden Thatsachen im Widerspruche stehe. Er führt dann Beispiele an, wie der Wind noch heute im Stande sei, Kadaver von Pferden und Kühen mit Staub und Sand ganz zuzudecken.

Burmeister sagt dagegen, dass Bravard's Ansichten mit den in dieser Formation vorkommenden Erscheinungen und Thatsachen im Widerspruche stehen, da er in der Nähe von Gebirgen Gerölle im Löss getroffen habe. Er sagt[1]: „die Winde können wohl den Dünensand hin und her bewegt haben, auch mag das eine und das andere Thier durch von Stürmen transportirten Sand begraben worden sein, nie aber hat eine solche Formation,

---

[1] „Anales del Museo Publico", p. 112.

in welcher Gerölle und Muschelbänke vorhanden sind, vom Winde abgelagert wrdeen können."

Vor Jahren fand BURMEISTER in einem Gebirgsthale (Quimbalites. Sierra de Cordoba) zwei *Glyptodon*-Panzer, welche leer, d. h. ohne die dazu gehörigen Skeletttheile, auf dem Rücken liegend, wie man sie, nebenbei gesagt, sehr oft findet, im Lehm begraben waren. Gestützt auf diese Wahrnehmung sagt er[1]: „Die *Glyptodon*-Panzer sind fast immer leer, ohne die dazu gehörigen Skeletttheile, was beweist, dass sie längere Zeit herumgeführt waren, bevor sie fest eingehüllt wurden. Das sowohl, als auch die Anwesenheit von Rollsteinen im Mergel, den ich auch hier unbedenklich für ein Diluvialgebilde halte, spricht gegen die von BRAVARD aufgestellte Hypothese, dass die Pampasformation eine Dünenbildung sei; es ist unmöglich die darin abgelagerten Rollsteine für atmosphärische Deposita zu erklären, man kann nur annehmen, dass sie vom Wasser hierher transportirt, aber nicht, dass sie vom Winde zusammengeweht wurden."

BURMEISTER kommt zu dem Schlusse, dass mehrere Kräfte bei der Bildung der Pampasformation gewirkt haben, so schreibt er[2], dass er die Ansicht D'ORBIGNY's theile, dass nämlich die Bildung der Pampasformation begonnen habe zur Zeit der Erhebung der Cordilleren, welche eine grosse Niveauveränderung des argentinischen Bodens hervorgebracht habe. Auch der Ansicht DARWIN's stimmt er bei, dass nach dieser Erhebung grosse Salzwasser-Lagunen zurückgeblieben seien. „Aber", sagt er weiter, „wir theilen nicht die Ansicht dieser beiden Gelehrten, dass die Pampasformation eine Meeresablagerung sei; unsere Meinung ist, dass die Flüsse und Arroyos, hauptsächlich aber grosse Ueberschwemmungen diese Diluvialschichten von den nahen Gebirgen sowohl in die Lagunen und Buchten als auch in die Ebene und die höheren Thäler abgelagert und so den Boden immer erhöht haben bis zu der Zeit des Alluviums, wo die Ueberschwemmungen aufhörten und die gegenwärtige atmosphärische Beschaffenheit im Lande Platz nahm."

AMEGHINO kommt im Wesentlichen zu denselben Schlüssen wie BURMEISTER. Er sagt[3]: „Der gelehrte Director des Museums von Buenos Aires (BURMEISTER) ist ohne Zweifel der Wahrheit am nächsten gekommen. Seine Theorie über die Entstehung der Pampasformation ist im Grunde richtig, wenn auch die Details nicht in perfectem Einklange mit den Erscheinungen und

---

[1] „Reisen durch die La Plata-Staaten", II, p. 88.
[2] „Anales del Museo publico."
[3] „Formacion Pampeana". p. 147.

Thatsachen stehen." AMEGHINO ist der Ansicht, dass die Pampas ihre Entstehung dem Winde, dem Wasser und unterirdischen Kräften zu verdanken haben[1]. und zwar glaubt er, dass nicht nur zur Zeit, als die Pampasbildung ihren Anfang genommen, eine Hebung des Bodens stattgefunden habe, wie BURMEISTER lehrt, sondern er hegt die feste Ueberzeugung, dass während der ganzen Zeit der Pampasbildung in dieser Gegend innere Kräfte gegen die Rinde unseres Globus gewirkt und unzählige Hebungen und Senkungen hervorgerufen, ja er glaubt sogar, dass örtliche Hebungen und Senkungen von ganz geringer Ausdehnung stattgefunden haben.

Es ist dies die widersinnigste Ansicht, welche je über die Entstehung der Pampasformation ausgesprochen worden ist. Wenn es nicht AMEGHINO wäre, der diese Ueberzeugung hegt und noch in seinen neuesten Arbeiten festhält, so würde ich ebenso wenig näher darauf eingehen, als auf die Aufstellung einer Glacialepoche, sondern diese ganze Erhebungstheorie für geologische Träumereien hinterm grünen Tische halten. AMEGHINO hat aber seine Ansichten über die Entstehung der Pampasformation nicht im Studirzimmer, sondern in der freien Natur erworben; dieselben verdienen von mir unsomehr in Betracht gezogen zu werden, als ich durch seine Beobachtungen und Schlüsse mehr als durch jede andere Arbeit über diese Gegend auf Manches aufmerksam gemacht worden bin, und locale Hebungen und Senkungen von geringer Ausdehnung laut den geologischen Lehrbüchern in gewissen Gegenden auch vorkommen.

Welche Ursachen und Kräfte diese Senkungen und Hebungen hervorgebracht haben sollen, lasse ich dahingestellt[2]. AMEGHINO bedarf dieser Hebungen und Senkungen hauptsächlich, um erklären zu können, wie mehrere übereinander liegende lacustre Ablagerungen, die durch rothbraunen Löss getrennt sind, entstehen konnten. So sagt er[3]: „An einzelnen Stellen habe ich das Vorkommen von zwei oder drei lacustren Ablagerungen beobachtet, eine unter der anderen gelagert und durch Schichten von röthlichem Terrain (Löss) getrennt, welche nicht in permanentem Wasser abgelagert worden sind. Es ist nicht zu bezweifeln, dass diese Stellen im Trocknen lagen, bevor sich die unterste lacustre Ablagerung bildete. Nachher entstand, ohne Zweifel in Folge einer

---

[1] „Formacion Pampeana", p. 157.
[2] Früher nahm AMEGHINO unterirdische Kräfte an; heute ist er der Ansicht, dass durch unterirdische Kanäle das Material gewisser Schichten weggeführt worden und in Folge davon Einstürze erfolgt seien.
[3] „Formacion Pampeana", p. 158.

localen Senkung eine Vertiefung, welche sofort vom Wasser eingenommen wurde; in dieser Lagune wurde dann so lange durch Wasser und Stürme herbeigeführtes Material abgelagert, bis dieselbe ausgefüllt war. Später, als die betreffende Stelle nicht mehr unter permanentem Wasser stand, wurde durch periodische Ueberschwemmungen und Stürme Sand und Staub abgelagert und so das Terrain fortwährend erhöht, bis es sich von Neuem senkte und wieder eine Lagune entstand. So wiederholte sich das gleiche Phänomen drei und selbst vier Mal."

Hier haben wir, nebenbei gesagt, einen der grössten Widersprüche in Ameghino's Werke, indem der Autor ja selbst nachweist, dass während der ganzen Bildung der Pampasformation lacustre Ablagerungen stattgefunden haben, während er in seiner Eintheilung der Pampasformation Pampeano lacustre und Postpampeano lacustre als Altersperioden aufstellt, die jünger seien als der Pampeano superior. Wie ich schon früher gezeigt habe, kann man damit wohl eine Klasse von Gestein, nie aber eine Altersperiode bezeichnen. Ich würde nicht auf diese Eintheilung zurückkommen, wenn nicht einige andere Forscher dieselbe ebenfalls in ihre Arbeiten über die Pampasformation aufgenommen hätten. Die lacustren Ablagerungen bieten dazu auch gar keine Anhaltspunkte. Das häufigere Vorkommen derselben in einem Horizonte hat gar nichts zu bedeuten; während sie sich am Rio Lujan häufiger in dem Pampeano superior finden, sind sie bei San Lorenzo häufiger in dem Pampeano inferior und bei San Nicolas am zahlreichsten in dem Pampeano intermediär zu treffen. Wenn ich eine Anzahl solcher Mergelschichten von mitunter ganz unbedeutender Ausdehnung über einander gelagert gesehen habe, so habe ich mir nie gedacht, dass man auf die Idee kommen könnte, es müsse bei Entstehung einer solchen Schicht jedesmal eine Senkung des Bodens stattgefunden haben. Wie bis jetzt allgemein angenommen wird, sind die lacustren Ablagerungen in Sümpfen und Lagunen entstanden; solche entstehen aber vor unseren Augen massenhaft ohne jegliche Senkung des Bodens, wie ich schon früher bei Besprechung der lacustren Ablagerungen erwähnt habe. Da ich später wieder auf die Entstehung von Lagunen und Sümpfen zu sprechen kommen werde, so sehe ich davon ab, hier noch einmal nachzuweisen, dass weder Senkungen noch Hebungen des Bodens dazu nothwendig sind.

Gerade an diesen lacustren Schichten müssten wir es übrigens am deutlichsten erkennen können, wenn solche locale Senkungen und Hebungen vorgekommen wären, indem wir in diesem Falle die Schichten überall verschoben und verworfen sehen müssten. Ich habe aber noch nicht eine einzige getroffen, die sich nicht in der ursprünglichen Lagerung befunden hätte, obschon ich in hohen Barrancas deren schon bis fünf übereinander gelagert gesehen habe. Ameghino[1]) giebt zwar zwei Zeichnungen von Verwerfungen: da dies aber die einzigen Fälle sind, welche bis jetzt beobachtet wurden, und eine natürlichere Erklärung zulassen als eine Senkung des Bodens, so gehe ich nicht näher darauf ein.

Alle Autoren, welche bis jetzt über die Entstehung der Pampasformation geschrieben haben, suchen zu erörtern, auf welche Art und Weise das Material derselben hier abgesetzt worden sein könnte, indem sie glauben, die gleichmässige Beschaffenheit dieses Gesteins hänge vom Material und der Art und Weise seiner Ablagerung ab. Keiner kam zu der Ansicht, dass der Löss nicht in seinem gegenwärtigen Zustande abgelagert wurde, sondern dass das Material nach seiner Ablagerung eine Verwandlung erlitten haben muss, wir es also mit einem metamorphosirtem Gestein zu thun haben. Obschon dieser Ausdruck in der Geologie nur für ältere, hauptsächlich krystallinische Gesteine angewandt wird, so kommt er dem Löss des Pampas doch unbedingt zu, da dieses Gestein entschieden nach seiner Ablagerung eine Umwandlung erlitten hat. Wir sehen ganz verschiedenes Material, welches auf alle mögliche Weise abgesetzt worden ist, in Löss verwandelt; es kommt also gar nicht auf das Material und das Agens an, welches dasselbe an Ort und Stelle transportirt hat, sondern auf die Art und Weise, in der sich die Verwandlung vollzog.

Theorie der Entstehung des Lösses in Folge Umwandlung des Gesteins. Da eine Theorie, die sich auf eine gewisse Ablagerung gründet, gern auf alle Gebilde bezogen wird, die mit dem nämlichen Namen bezeichnet werden, so möchte ich hervorheben, dass das, was ich hier über die Entstehung des Lösses sage, nur auf das Gestein der Pampasformation Bezug hat.

In der Provinz Entre Rios haben wir eine Meeresablagerung, auf welcher eine Lössschicht ruht. Wenn es nun das Wasser gewesen ist, welches den Löss dort abgelagert hat, so muss die ganze Gegend unter Wasser gestanden haben. Bei der Pampasformation kann man allgemein zu der Ansicht, dass sich der Löss derselben nicht unter einer permanenten Wasserfläche abgesetzt haben könne, weil sonst die Landsäugethiere, deren Reste wir darin finden, nicht daselbst gelebt haben könnten. Es wurde deshalb zu periodischen Ueberschwemmungen Zuflucht genommen. Damit solche aber nicht nur in der Tiefe,

---

[1]) „Boletin de la Academia Nacional", VI.

sondern auch in höheren Lagen Löss absetzen konnten, müssten nothwendiger Weise bei jeder Ueberschwemmung die Thiere umgekommen sein. AMEGHINO kommt deshalb zu der Ueberzeugung, dass unterirdische Kräfte mitgewirkt haben müssen, weil sonst die Pampasformation als terrestrische Bildung nicht denkbar sei. Diese unterirdischen Kräfte sollen unzählige Bodenerhebungen hervorgebracht haben, auf welche sich die Thiere während der Ueberschwemmungen flüchten konnten. Damit dann aber auf diesen erhöhten Stellen auch Material abgelagert werden konnte, mussten daselbst wieder Senkungen stattfinden und an anderen Stellen Hebungen. So sagt AMEGHINO[1]: „Unzählige Hebungen und Senkungen, die sich sehr langsam und auf ganz kurzen Strecken vollzogen, veränderten beständig den Kurs des Wassers und machten aus Niederungen Hügel, die nicht überfluthet, und aus letzteren Niederungen, welche allmählich vom Wasser eingenommen wurden, bis daselbst wieder eine neue Hebung eintrat und wieder ein Hügel entstand, u. s. w." Dass solche locale Hebungen und Senkungen auch in Entre Rios nicht vorgekommen sind, zeigen uns gerade die unteren Sedimente am besten, da wir sie heute noch überall in ihrer ursprünglichen Lagerung treffen, während sie sonst allenthalben verschoben sein müssten.

Lässt man alle Erscheinungen bei Seite, die gegen die Annahme sprechen, dass diese Lössschicht vom Wasser abgelagert worden sei, so muss sich Jedem unwillkürlich die Frage aufdrängen, wie es möglich sein könne, dass das Wasser, welches früher Sand und Thon ablagerte, nun plötzlich eine so homogene Lössschicht auf einer so ausgedehnten Fläche absetzen konnte, während es heute im Delta des Parana, ganz ähnlich wie früher in Entre Rios, wieder Sand und Thon ablagert. Man müsste dem Wasser eine Eigenschaft zuerkennen, welche es nur während der Zeit der Absetzung des Lösses besass. Eine ähnliche Eigenschaft müsste man während einer gewissen Zeit dem Winde zuerkennen, wenn allein durch ihn der Löss abgelagert worden wäre, wie BRAVARD annimmt.

Man muss sich wirklich darüber wundern, dass nicht Jeder, der die Gebilde von Entre Rios gesehen hat, zur Ueberzeugung kommen musste, dass der Löss aus dem Material der Deltaablagerung entstanden ist und nur eine Verwandlung des Gesteins stattgefunden hat und noch stattfindet. Trifft man doch so viele Stellen, wo die Verwandlung eine unvollkommene und das Material das nämliche ist, wie dasjenige der Deltaschichten. Solche Stellen

---

[1] „Formacion Pampeana". p. 168.

erwähnt z. B. Burmeister[1]: „Unmittelbar über dem Kalk folgt an vielen Stellen nochmals ein sandiges, vielfach mit Kalk gemischtes Gestein, das bald mehrere Fuss mächtig ist, bald aber nur eine ganz dünne Lage bildet und keine Versteinerungen zu enthalten pflegt, wenn nicht in seinen untersten Teufen noch einige Austernschalen oder Kammmuschelklappen auftreten sollten, was hie und da der Fall ist. Damit endet die Tertiärperiode und die Diluvialzeit nimmt ihren Anfang"[2]).

Bevor ich die Ablagerung in Entre Rios kannte, war ich hinsichtlich der Entstehung der Pampasformation Bravard's Ansicht. Ich hielt seine Theorie für die einzig richtige, weil sie nicht mit den Erscheinungen der Lagerung der fossilen Säugethiere im Widerspruch stand. Als ich 1881 die Gegend von Entre Rios kennen lernte, warf ich mir die Frage auf, woher denn der Wind eigentlich den Löss gebracht haben könnte, der sich hier über den marinen Schichten befindet. Bei eingehender Prüfung dieser Frage wurde mir auch die Entstehung des Pampaslösses zum Räthsel.

Ich fand, dass durch die Thätigkeit der Winde und Stürme heute wohl Dünen und Humusschichten entstehen, nigends aber Löss, und doch konnten diese Agentien früher nicht anders gewirkt haben, als heute. Als ich in der Nähe von Victoria in Arroyosbetten aus den marinen Schichten stammenden Sand fand, verfolgte ich den Lauf dieser Arroyos in der Hoffnung, Stellen zu treffen, an denen die marinen Ablagerungen zu Tage träten; ich konnte aber in den meisten Arroyos keine solcher Art entblösste Stellen finden. Die Ufer und Betten bestanden ausschliesslich aus Löss; dagegen fand ich, dass der Löss derselben sehr sandhaltig und die Sandablagerungen in den Betten aus solchem unreinen Löss ausgeschlemmt worden waren. Dass dieser Sand aus den unteren marinen Schichten stammt, ja manchmal der Löss vorwiegend aus ihm besteht, ist unverkennbar und führte mich zu der Erkenntniss, dass der Löss von Entre Rios durch Verwandlung des Gesteins der marinen Schichten entstanden sein müsse.

Lange habe ich nach der Ursache geforscht, welche die Verwandlung der verschiedensten Materialien in Löss bewirkt, und noch immer hält mich dieser Gegenstand beschäftigt. Bis heute kann ich zu keiner anderen Ansicht gelangen, als dass die Organismen den Hauptantheil daran haben und dass die Vegetation das wesentliche Agens ist, welches diese Umwandlung bewirkt.

---

[1] „Reisen in den La Plata-Staaten", 1, p. 417.
[2] Unter letzterer versteht Burmeister die Lössgebilde.

Es ist allgemein bekannt, in welch' hohem Maasse die Vegetation die Fähigkeit besitzt, organische und unorganische Stoffe zu zersetzen. Die Wurzeln gewisser Pflanzen dringen in die härtesten Gesteine ein, die sonst einer grossen Zahl chemischer Agentien zu widerstehen vermögen; ganz besonders aber begünstigt die Vegetation die Zersetzung der Silicate, aus denen der grösste Theil des Sandes von Entre Rios besteht. Nachdem die Sedimente der Deltabildung in Entre Rios abgelagert und allmählich trocken gelegt waren, begann die organische Welt ihre Arbeit. Die Pflanzen, welche an den trockenen Stellen zu wachsen begannen, entzogen zu ihrem Unterhalte nothwendige Stoffe dem Gestein und brachten sie mit den aus der Atmosphäre bezogenen in Verbindung. Dadurch kamen neue Verbindungen zu Stande, deren Producte die Pflanzen bei ihrer Verwesung an der Oberfläche ablagerten. Natürlich betheiligte sich auch die Thierwelt an dieser Umwandlung des Gesteins.

So entstand über dem Sediment stellenweise eine Schicht Humuserde. Da die Gegend eine sehr unebene Fläche bildete, sich auch nicht überall gleichzeitig über das Wasser heben konnte, so gab es, wie dies heute noch der Fall ist, beständig Stellen, wo das Sediment an die Oberfläche trat. Regenwasser und Winde breiteten immer wieder neues Material über die Humusschichten aus, denen die Pflanzen so lange zu ihrem Leben nothwendige Stoffe entzogen, bis endlich der Löss als eine ausgenutzte Masse zurückblieb. Während die Pflanzen die Stoffe von unten bezogen, und dadurch die Humusschicht in Löss verwandelten, erneuerte sich an der Oberfläche durch Verwesung und Sandablagerung beständig die Humusschicht. Vollzog sich die Anhäufung so schnell, dass die Vegetation nicht Zeit hatte, das Gestein vollständig zu zersetzen, so entstand eine unvollkommene Verwandlung, weshalb wir Löss von sehr verschiedener Beschaffenheit treffen. Das Gestein, welches von Bahia Blanca bis nach Patagones am Rio Negro getroffen und für die Uebergangsschicht von der Pampasformation zur patagonischen Formation gehalten wird, besteht aus unvollständig in Löss verwandeltem Sand. Dieser Sand stammt zum grössten Theil von der Küste des Oceans, welcher heute noch theilweise diese Gegend begrenzt und durch dessen Wasser früher ein grosser Theil von Patagonien bedeckt war. Die Winde haben den Sand der Dünen über diese Landfläche zerstreut; die Ablagerung erfolgte aber so schnell, dass die Vegetation, oder besser gesagt, die gesammte organische Welt nicht Zeit hatte, denselben vollständig in Löss zu verwandeln. Reinen Löss, wie wir solchen im Centrum der Pampas haben, habe ich in der ganzen Gegend nirgends getroffen. Sehr oft besteht sämmtliches Gestein bis in eine beträchtliche Tiefe nur aus Flugsand oder einem schlecht zusammen gekitteten Sandstein. Je weiter eine Gegend von einer Küste oder einem Gebirge entfernt ist, desto reiner ist der Löss, und man kann an seiner Beschaffenheit leicht erkennen, ob er in der Nähe einer Küste oder eines Gebirges entstanden ist. Bei der Stadt Rosario kann man im Löss mit blossem Auge keine Sandkörnchen wahrnehmen, bei Tortugas lassen sich bei etwas aufmerksamer Betrachtung feine Sandkörnchen erkennen. Bei Villa Maria sind solche schon leicht zu unterscheiden und bei der Stadt Cordoba ist der Löss sehr sandhaltig; man findet hier oft ganze Sandlagen dazwischen, besonders Glimmersand.

Je reiner der Löss einer Gegend ist, desto langsamer hat sich die Ablagerung des Materials daselbst vollzogen, und es musste da, wo sie schnell erfolgte, in der gleichen Zeit eine viel mächtigere Lössschicht entstehen als da, wo sie sich langsam vollzog. So haben wir bei der Stadt Cordoba eine Lössschicht, die über 30 m mächtig ist, während die entsprechende Schicht bei der Eisenbahnstation Rio Segundo nicht mehr als 6 m und bei Rosario kaum 1 m beträgt. An der Farbe des Lösses kann man erkennen, ob eine Schicht schneller oder langsamer entstanden ist. Hat sich die Ablagerung des Materials schnell vollzogen, so hat der Löss die Farbe des an Sandpartikelchen reichen, unzersetzten Gesteins und erscheint z. B. in Bahia Blanca und Cordoba durch den in ihm enthaltenen Sand schmutzig-grau, in Entre Rios weisslich grau gefärbt.

Dass sich während der ganzen Zeit der Entstehung der Pampasformation, oder besser gesagt des Lösses, eine Schicht Humuserde an der Oberfläche befunden haben muss, steht ausser Zweifel. Ameghino ist zwar nicht dieser Ansicht. Weil wir im Löss keine Zwischenlagen von Humuserde treffen, glaubt er, dass während der Entstehung der Pampasformation auch keine Humusschicht vorhanden gewesen sei. Er schreibt[1]): „Es darf uns nicht wundern, wenn wir im Terreno Pampeano keine Lagen von Humuserde (tierra vegetal) treffen; das Fehlen derselben ist ganz natürlich — so langsam sich auch dieses Terrain gebildet hat, vollzog sich die Ablagerung doch immer noch zu schnell, als dass sich eine Humusschicht bilden konnte." Ja, er glaubt sogar, dass die 2 Fuss mächtige Humusschicht beinahe ebenso viel Zeit zu ihrer Entstehung in Anspruch genommen habe, wie die ganze Pampasformation. Er selbst sagt jedoch an einer anderen Stelle[2]), dass da, wo die Humuserde fehle, der Boden

---

[1]) „Formacion Pampeana", p. 203. — [2]) Ebendas., p. 27.

unfruchtbar sei. Sollte früher der Boden fruchtbar gewesen sein ohne Humuserde, jetzt aber nicht? Es steht doch ausser jedem Zweifel, dass zur Zeit, da die Riesenthiere, deren Reste wir im Löss finden und die meistens Pflanzenfresser waren, hier lebten, eine sehr üppige Vegetation vorhanden sein musste, und es hätte ja schon durch deren Verwesung eine Humusschicht entstehen müssen, wenn noch keine vorhanden gewesen wäre. So schnell kann die Ablagerung des Materials nicht erfolgt sein, dass nicht eine Vegetation Platz greifen konnte, sonst hätten die Thiere auch nicht hier leben können. Da aber Thierreste in allen Niveau's gefunden werden, mithin während der ganzen Bildungszeit der Pampasformation Thiere hier existirten, so muss auch beständig eine Vegetation zu ihrem Unterhalte vorhanden gewesen sein und eine Schicht Humuserde sich an der Oberfläche befunden haben. Dass wir nirgends im Löss Zwischenlagen von Humusschichten finden, beweist uns gerade, dass diese sich in Löss verwandelt haben. Die Umwandlung vollzieht sich so allmählich, dass man nicht erkennen kann, wo die Humuserde aufhört und der Löss anfängt. In vielen Gegenden hat die Uebergangsschicht viele Meter Mächtigkeit; da aber, wo die Ablagerung des Materials eine sehr langsame ist und der Boden durch Anbau sehr ausgenutzt wird, tritt der Löss beinahe an die Oberfläche.

Aber auch nachdem die Humuserde in Löss verwandelt ist, dauern die metamorphischen Prozesse fort. Das durch die porösen Schichten sickernde Wasser löst beständig eine Quantität gewisser Stoffe auf und führt sie der Tiefe zu, wo dieselben dann wieder neue Verbindungen mit dem vorhandenen Gestein eingehen, weshalb der Löss der unteren Schichten auch viel härter und compacter ist als derjenige der oberen. Die festere Lagerung des Löss in den unteren Abtheilungen der Pampasformation rührt demnach nicht so sehr von dem Drucke der auf ihnen lastenden Schichten, als vielmehr von den ihnen durch das Sickerwasser zugeführten Stoffen her. Wenn sie vom Drucke herrührte, so müsste man unfehlbar Biegungen in den Schichten wahrnehmen können, da der Druck nicht überall ein gleichmässiger sein könnte. Ebenso müssten die unteren Schichten z. B. bei der Stadt Cordoba viel fester gelagert sein als diejenigen, die sich zu unterst in den Barrancas von San Nicolas befinden, da hier nur eine Schicht von etwa 9 m darüber ruht, während dort eine solche von über 30 m sich darüber befindet. Und doch sind die untersten Lössschichten, welche in Cordoba zu Tage treten, so locker gelagert, wie diejenigen des Pampeano superior in San Nicolas, auf welchen eine kaum einige Fuss mächtige Schicht ruht. Hieraus sehen wir auch, dass in Cordoba die Anhäufung von Material sich schneller vollzog und in der nämlichen Zeit dort eine mächtigere Schicht entstand als bei San Nicolas, sowie wir aus dem Umstande, dass die Metamorphose noch nicht so weit vorgeschritten wie beim Löss des mittleren und unteren Pampeano, schliessen können, dass diese unteren Schichten bei Cordoba jünger sind und dem Pampeano superior entsprechen.

Durch den Löss des mittleren und unteren Pampeano kann, wie ich bereits an anderer Stelle erwähnt habe, ein Tunnel getrieben werden, der nicht ausgemauert zu werden braucht. Dieses Gestein ist so compact, dass keine Einstürze erfolgen, was bei dem Pampeano superior nirgends der Fall ist, ob dann eine 30 m oder eine 1 m mächtige Schicht darüber ruht. Man kann mithin an der mehr oder weniger compacten Beschaffenheit des Lösses das Alter einer Schicht erkennen.

Art und Weise der Ablagerung des Materials, aus dem der Löss entstanden ist. Dass der Löss der Pampasformation ein umgewandeltes Gestein ist und die Verwandlung sich erst vollzogen hat, nachdem das Material, aus dem er entstanden ist, abgelagert war, kann nach den kurz angeführten Thatsachen gar nicht mehr bezweifelt werden. Reiner Löss kann kaum aus einer anderen Gegend gebracht und als solcher abgelagert worden, wohl aber an Ort und Stelle entstanden sein. Gestützt auf die Thatsache, dass es nicht auf die Natur des Materials und noch weniger auf die Art und Weise, in der dieses abgelagert wurde, ankommt, sondern nur darauf, wie die Verwandlung sich vollzog, will ich weiter erörtern, auf welche Weise das Material, aus dem der Löss entstanden ist, in unsere Pampas gelangen konnte.

Versetzt man sich in die Zeit zurück, in welcher die unteren der uns zugänglichen Lössschichten schon abgelagert waren, so kommt man zu der Ueberzeugung, dass alles Material, aus welchem die darüber folgenden Lössschichten entstanden sind, aus einer anderen Gegend stammen muss, da in denselben kein anderes Gestein zu Tage tritt, aus dem der Löss entstehen konnte. Eine Ausnahme bilden die Sierra de Tandil und Sierra de la Ventana; diese kleinen Gebiete verschwinden aber im Vergleiche zur Ausdehnung der Pampas. Schon lange streitet man sich darüber, auf welche Art das Gestein so gleichmässig über eine ausgedehnte Fläche hätte abgelagert werden können, wenn die Pampas Festland gewesen wären, und viele Autoren sind heute noch der Ansicht, dass dieselben unter Wasser gestanden haben müssen.

Die Theorien derjenigen Forscher, welche diese Gebilde für

marinen Ursprungs halten, beruhen ebensowohl auf an Ort und Stelle gemachten Beobachtungen als die ihrer Gegner, die da glauben, weil sie nur Landthiere in den Pampas gefunden hätten, könnten die letzteren nicht marinen Ursprungs sein. Beide Parteien aber verfielen in den nämlichen Fehler: sie wandten ihre auf localen Beobachtungen fussenden Theorien auf die ganze Gegend an. Ich habe in dem mittleren und oberen Pampeano Säugethierreste gefunden, die mit Meeresmuscheln gemischt waren. Der Löss, in welchem die Meeresmuscheln lagen, ist aber deshalb entschieden nicht in einem Meeresbecken entstanden, sondern die Lössschicht kam durch Senkung der Gegend unter das Meerwasser zu liegen, oder der Löss entstand in der Nähe einer Meeresküste. Ich habe die volle Ueberzeugung, dass der Ocean einen grossen Theil des Materials zu dem Löss der Provinz Buenos Aires geliefert hat. Bekanntlich ist die Wirkung der Meereswogen nur an steilen und felsigen Ufern, die den Wellen Widerstand leisten, eine zerstörende, während sich bei sanft in's Meer abfallenden Ufern durch Anhäufung von beweglichem Material eine aufbauende Wirkung geltend macht. Freilich hat das Meer nur einen ganz mittelbaren Antheil daran gehabt, indem es bewegliches Material, das bei grossen, offenen Küsten meist aus feinkörnigem Sande besteht, durch die Fluthwellen am Strande aufhäufte. Beim Eintritt der Ebbe blieben dann grössere oder kleinere Wälle zurück, aus denen an den flachen, den heftigen Winden ausgesetzten Küsten die Dünen (hier zu Lande Medanos genannt) entstanden. Von diesen Medanos fegten die Stürme den Sand über die Pampasebene hin, wo er so lange vom Regenwasser und vom Winde hin und her bewegt wurde, bis ihn die Vegetation festhielt und mit der Zeit in Löss verwandelte. Das beste Bild dieses Bildungsprocesses bietet uns heute die Meeresküste von Buenos Aires bis Bahia Blanca, ganz besonders der Strand letzterer Bucht.

Ich habe schon früher nachgewiesen, dass, wenn die Aufhäufung von Material zu schnell erfolgt, die Vegetation nicht Zeit hat, dasselbe vollständig in Löss zu verwandeln. Dies ist gewöhnlich in der Nähe der Küste der Fall, und man kann an der Beschaffenheit des Lösses immer erkennen, ob er fern von einer Meeresküste entstanden ist oder nicht. Einige Stunden von Bahia Blanca entfernt haben wir in den oberen Schichten reinen Löss, derselbe wird jedoch immer unreiner, je tiefer man gräbt; in 10 m Tiefe geht er in eine Art Sandstein über. In der Umgebung der Stadt Bahia Blanca habe ich nirgends reinen Löss gesehen. Durch das Studium dieser Küstengegenden ist BRAVARD zu der Ansicht gelangt, dass die Pampasformation eine

Dünenbildung sei. Wenn nun aber auch ein grosser Theil des Lösses der Provinz Buenos Aires seine Entstehung dem Material verdankt, welches der Ocean an den Küsten abgelagert hat, so ist deshalb keineswegs aller Löss der ganzen Pampasformation aus solchem Material entstanden, und es sagt daher BURMEISTER mit vollem Recht, dass BRAVARD's Theorie mit den vorkommenden Erscheinungen und Thatsachen unvereinbar sei. Der Löss in der Umgebung von Cordoba ist ebenso entschieden aus Gebirgsdetritus entstanden wie derjenige des oberen Pampeano bei Bahia Blanca aus den Dünen einer Meeresküste. Die Ansicht BURMEISTER's und AMEGHINO's, dass der grösste Theil des Pampaslösses durch grosse Ueberschwemmungen abgelagert worden sei, steht aber ebenso wohl mit den Thatsachen im Widerspruch als diejenige DARWIN's und Anderer, welche annehmen, dass die Pampasformation unter dem Wasser entstanden sei. Welche Verheerungen müssten Ueberschwemmungen angerichtet haben, welche im Stande gewesen wären, Material aus den Gebirgen in den Pampas z. B. bei Pergamino abzulagern! Nicht nur müsste bei jeder Ueberschwemmung die ganze Thierwelt untergegangen sein, sondern es wäre so auch gröberes Gestein bis weit in die Ebene hinaus abgelagert worden. Diese Ueberfluthungen müssten sich während der ganzen Zeit der Pampasbildung bis in die neuere Zeit ungemein oft wiederholt haben, und wir müssten unzweifelhaft deren Spuren noch heute erkennen können. Da wir aber keine Spuren von verheerenden Naturereignissen weder in der Lagerung und Zusammensetzung des Materials, noch in der Art und Weise der Einbettung der fossilen Reste erkennen können, so ist es kaum nothwendig, dieses Thema eingehender zu erörtern. Nehmen die beiden Autoren nur locale Ueberschwemmungen an, so können sie damit nicht erklären, wie Gesteine aus dem entfernten Gebirge hätten hierher gebracht werden können. Sind dagegen Ueberschwemmungen gemeint, die im Stande gewesen wären, aus dem Gebirge stammendes Material im Innern der Pampas abzulagern, so könnten die Spuren, die sie hätten hinterlassen müssen, nicht verwischt worden sein. Auch hier hat das Wasser wie dasjenige des Oceans nur einen mittelbaren Antheil an der Bildung der Pampasformation genommen, indem es Gebirgsdetritus, überhaupt leicht bewegliche Bestandtheile aus den Gebirgen den Ufern entlang in den Pampas ablagerte, von wo aus das Material von Winden und Stürmen über die weite Ebene zerstreut wurde.

Ein Blick auf die Karte von Argentinien zeigt, dass eine grosse Zahl von Gebirgsflüssen sich in der Pampasebene verliert; nur wenige münden in andere Flüsse oder in's Meer, die meisten verlieren sich, nachdem sie eine Strecke weit in den Pampas geflossen, in einen Bañado, in welchem sich grössere oder kleinere Lagunen befinden. So verliert sich z. B. der Rio dulce, der in der Sierra de Tucuman entspringt und alle die unzähligen Flüsse und Bäche aufnimmt, die aus dem Osten der Sierra kommen, in den Bañado, in welchem sich das Mar chiquita der Provinz Cordoba befindet. In dem nämlichen Bañado verlieren sich auch der Rio primiero und der Rio segundo, welche beide in der Sierra de Cordoba entspringen. Der ebenfalls hier seinen Anfang nehmende Rio cuarto verliert sich in der Nähe der Grenze der Provinz Cordoba und Santa Fé in einer Kette von Lagunen, die sich bis zu der Lagune Mar chiquita bei Junin in der Provinz Buenos Aires hinzieht. Diese Lagunen sind manchmal mehrere Stunden von einander entfernt, aber entweder durch kleine Arroyos mit fliessendem Wasser oder durch Cañados mit einander verbunden. Der Arroyo Santa Catalina und der Rio quinto, von denen ersterer in der Sierra de Cordoba und letzterer in der Sierra de San Luis entspringt, verlieren sich in dem grossen Bañado amargo, in welchem sich eine ungemein grosse Lagune befindet. Auch von letzterer an lässt sich eine Reihe von Lagunen und Cañadas bis nach Junin hin verfolgen. Wenn man diese Gewässer verfolgt und ihre Ablagerungen untersucht, findet man überall die gleiche mechanische Thätigkeit. Das Gestein, welches bei heftigen Regengüssen im Gebirge in die Flüsse gelangt und von denselben in die Ebene geführt wird, wird immer feiner und abgerundeter, je weiter sich die Flüsse vom Gebirge entfernen, bis es zuletzt nur noch aus Sand und Schlamm besteht. Die Flüsse werden immer wasserärmer und die Gehänge zu beiden Seiten immer niedriger, bis sie zuletzt nur noch eine Cañada bilden. In diesen Gegenden befinden sich dann gewöhnlich sogenannte Medanos (Dünenbildungen), die sich manchmal mehrere hundert Kilometer weit erstrecken. So trifft man z. B. Medanos bei der Ortschaft Carlota in der Provinz Cordoba, wo der Rio cuarto schon mehr eine Cañada bildet; sie erstrecken sich bis über Veinticinco de Mayo, also über eine Fläche von nahezu 500 km Länge. Viele Autoren sind der Ansicht, dass die hier erwähnten Medanos an einer Meeresküste entstanden seien, was aber durchaus nicht der Fall sein kann, indem sie ganz entschieden aus den feineren Bestandtheilen (Sand und Schlamm) sich gebildet haben, welche der Rio cuarto, Arroyo Santa Catalina und Rio quinto aus dem Gebirge in die Pampas gebracht haben. Wahrscheinlich bildeten diese Gewässer in einer früheren Periode einen Fluss, welcher bei Chacabuco, Mercedes und Merlo vorbeifloss und in die Meeresbucht von Buenos Aires mündete, da man in dieser Gegend unter einer 15—50 m mächtigen Lössschicht auf eine fluvio-terrestrische Ablagerung stösst. Alle diese Gewässer haben gewiss früher ihre Abflüsse gehabt; während der Jahrtausende, die sie durch die Pampas flossen, haben sie ihr Bett jedoch allmählich ausgefüllt und sich so immer weiter nach dem Gebirge zurück verloren. Der Umstand, dass diese Flüsse ihr Bett zuerst im Unterlaufe ausfüllen und nicht in der Nähe der Gebirge, wo sie natürlicher Weise mehr Material ablagern, ist dadurch erklärlich, dass sie immer wasserärmer werden, je weiter sie in der Ebene fliessen und deshalb die durch Auffüllung des Bettes dem Abfluss sich entgegenstellenden Hindernisse weniger bewältigen können als da, wo sie wasserreicher sind.

Um mir darüber klar zu werden, in welcher Weise die Gewässer das verwitterte Gestein aus den Gebirgen in den Pampas ablagern, habe ich die Rios primero, segundo und tercero an verschiedenen Stellen studirt, ebenso die Gegenden, in denen sich der Rio cuarto und der Rio quinto verlieren, und ich bin dabei zu folgenden Ansichten gelangt.

Als diesen letzteren Flüssen bei Junin durch Ausfüllung des Bettes der Abfluss abgesperrt wurde, entstanden die Lagunen Gomez und Mar chiquita, die im Anfang entschieden nur eine Lagune bildeten und einen viel grösseren Flächenraum einnahmen als heute. Um die Lagune herum bildete sich ein grosser Bañado, der bei anhaltend trockener Witterung durch Verdunsten und Einsickern des Wassers zeitweise trocken wurde. Der Boden des Bañado erhöhte sich allmählich durch das von den angeschwollenen Flüssen hier abgelagerte Material; in der Lagune dagegen wurde durch den Wellenschlag der von den Gewässern daselbst abgelagerte Sand und Schlamm beständig an den Ufern ausgeworfen, und es entstanden daraus durch die Thätigkeit der Winde die Medanos. Es vollzog sich hier wieder der nämliche Bildungsprocess wie an der Meeresküste: der Wind fegte den Sand und Staub der Medanos über die unabsehbare Ebene hin, wo er durch die Vegetation in Löss verwandelt wurde; nur erfolgte hier die Ablagerung des Materials viel langsamer, sodass die Organismen Zeit hatten, dasselbe vollständig in Löss umzuwandeln. Ich habe den Löss bei Junin bis zu 10 m Tiefe im Umkreise von 6 Stunden um die Lagune herum an verschiedenen Stellen untersucht und habe ihn in reinem Zustande gefunden, während die Humuserde ziemlich sandhaltig war. Trotzdem die Ablagerung des Materials sehr langsam vor sich ging und die Winde beständig den grössten Theil desselben über die weiten Flächen zerstreuten, erhöhte sich doch das Terrain um die Lagune herum mehr als das etwas weiter von derselben entfernte. Noch heute ist die Umgebung der Lagune 10—12 m höher gelegen als die offenen Pampas. Da schon seit langen Zeiträumen das Wasser dort kein Material mehr abgesetzt hat, die Stürme aber bis auf den heutigen Tag noch immer Sand und Staub dieser Medanos über die Pampas hinwehen, so müssen dieselben früher bedeutend höher gewesen sein.

Von den Zeiträumen, die solche Ablagerungen in Anspruch genommen haben, können wir uns kaum einen richtigen Begriff machen, und es dürfte ein Vergleich mit Ablagerungen anderer Gewässer hier am Platze sein.

Nach Horner[1]) würde von den festen Bestandtheilen, die der Rhein bei Bonn mit sich führt, jährlich eine Schicht von 586 Fuss Länge und ebensolcher Breite und 1 Fuss Dicke entstehen können. Nehmen wir an, dass von dem Material, welches die Gewässer in der Lagune Mar chiquito abgelagert, eine Landstrecke von 50 km Länge und Breite nur um 5 m erhöht worden sei, so hätte ein Fluss wie der Rhein bei Bonn 12000 Jahre gebraucht, um das Material her zu transportiren. Hier sind aber mehr als 25000 qukm um wenigstens 10 m erhöht worden. Schliesslich hat der Wind jedenfalls ebensoviel Material über die Pampas ausgestreut.

Dass die fliessenden Gewässer der Gebirge immer wasserärmer werden, je weiter sie in die Pampasebene hinaus gelangen, hat seinen Grund in der Bodenbeschaffenheit. In Europa mündet das kleinste Gewässer gewöhnlich in einen grösseren Fluss, und es gelangt das Wasser schliesslich in's Meer. Hier dagegen verlieren sich grosse, aus dem Gebirge stammende Flüsse in den Pampas. Würden dieselben durch wasserdichtes Terrain fliessen, so würden sie sich einen Abfluss verschaffen, oder die ganze Gegend unter Wasser setzen. Da aber diese Flüsse durch eine sehr poröse Lössschicht, mithin durch eine wasserführende Schicht fliessen, so sickert während des Laufes ein grosser Theil des Wassers naturgemäss in die Tiefe, bis es auf die vollständig mit Wasser gesättigte Lössschicht kommt, also auf das Niveau des allgemeinen Grundwassers der Pampasformation. Früher als die Gewässer unter dem Niveau des Grundwassers flossen, verloren sie ihr Wasser nicht und gelangten entweder in einen anderen Fluss oder auch direct in's Meer. Sobald aber durch Versanden der Flussbetten das Wasser in einem höheren Niveau floss, sickerte es in den Löss ein; dadurch verlor der Fluss an Triebkraft, und er vermochte die Hindernisse, welche sich seinem

---

[1]) In Karl Vogt's „Lehrbuch der Geologie".

freien Kurs entgegenstellten, nicht mehr ganz zu beseitigen. Natürlich mussten sich die Betten und Ufer des Rio cuarto und Rio quinto durch die Ablagerung von Gestein allmählich über das Niveau der umliegenden Gegend erhöhen, trotzdem auch hier der Wind beständig das leichter bewegliche Material von den Ufern weg über die Pampasebene hinwehte. Der Grund der Lagune Mar chiquita hob sich dagegen nicht oder doch nur wenig über das ursprüngliche Niveau, da das Wasser durch den Wellenschlag beständig das von den Flüssen abgelagerte Material an den flachen Ufern auswarf.

Nachdem die Lagunen auch keinen directen Zufluss mehr haben, werden sie vom Grundwasser genährt, wenn sie sich auf dem Niveau desselben befinden. Wir sehen heute viele solcher Lagunen, die keinen oberirdischen Zufluss haben, wohl aber einen Abfluss, und die auch nicht vom Regenwasser der umliegenden Gegend unterhalten werden können, weil die Ränder höher sind als das austossende Land. Das abfliessende und verdunstende Wasser wird beständig durch Quellen, d. h. durch Sickerwasser ersetzt. Solche Lagunen werden hier zu Lande als Lagunos de manantiales (Quellenlagunen) bezeichnet, zum Unterschiede von denjenigen, welche ihr Wasser durch Regengüsse erhalten und bei trockener Witterung versiegen. Als nun den oben angeführten Flüssen die directe Mündung in die Lagune Mar chiquito abgesperrt worden war, suchte das Wasser derselben bei anhaltendem Regen einen Abfluss über das niedrig gelegene Land, wodurch neue Bañados und Lagunen entstanden. Der Rio quinto scheint die Richtung über Nueve de Julio genommen und einer grossen Zahl von Lagunen die Entstehung gegeben zu haben. Der Rio cuarto nahm dagegen die Richtung nach Melincue, und es entstand, wie wir an den hinterlassenen Spuren erkennen können, in dieser Gegend ein Bañado von vielen hundert Quadratkilometern Ausdehnung.

Ich muss noch bemerken, dass glücklicherweise die Humusschicht der Pampas ein ziemlich wasserdichtes Gestein ist. Würde sich statt einer solchen über dem Löss eine wasserdurchlässige Schicht befinden, so wären die Pampas eine unfruchtbare Wüste. Die Humuserde hat die Eigenschaft, eine grosse Menge Wasser in sich aufzunehmen, das sie nur langsam und allmählich an das darunter liegende Gestein, an die Vegetation und die Atmosphäre abgiebt. Das meiste Regenwasser wird von ihr aufgesogen; der grösste Theil wird von der Vegetation verbraucht, ein Theil verdunstet und nur wenig gelangt in den Löss.

Wird nun einer Gegend mehr Wasser zugeführt als die

Humuserde in sich aufnehmen kann, so entstehen Bañados und an den tiefer gelegenen Stellen Lagunen. So entstand, als der Rio cuarto seinen Abfluss in der Richtung nach Melincue nahm, in dieser Gegend ein grosser Bañado mit grösseren und kleineren Lagunen. Mit der Zeit grub sich das Wasser Kanäle nach den tiefer gelegenen Lagunen, in welchen das aus den Gebirgen hergeführte Material abgelagert wurde und wo sich dann wieder eine ähnliche Dünenbildung vollzog wie beim Mar chiquita. In diesem Bañado nahmen später die Arroyos Salta, Pergamino, del Medio und Pavon ihren Ursprung. Zuerst bildeten sich bei anhaltendem Regenwetter lange, schmale Cañadas, die wir heute deutlich an den lacustren Schichten erkennen können, welche zur Zeit der Entstehung des Pampeano superior abgelagert wurden. Dieselben bilden oft den Uebergang zum Humus und enthalten manchmal noch Reste grosser, ausgestorbener Säugethiere.

Allmählich bildeten sich in den Cañadas kleinere Kanäle, die sich immer mehr erweiterten und vertieften, bis das Wasser schliesslich durch die obere und mittlere Pampasformation das heutige Arroyobett ausgewaschen hatte. So erhielt das Wasser des Bañado einen Abfluss, und da die Betten der Arroyos in ein tieferes Niveau zu liegen kamen als das Grundwasser, so führten sie beständig Wasser, auch nachdem der Bañado trocken lag. An diesen Arroyos tritt nun statt einer aufbauenden Thätigkeit des Wassers mehr eine abtragende auf. Das Regenwasser schwemmt beständig von beiden Seiten des höher gelegenen Terrains Material in dieselben, und wenn auch ein Theil desselben wieder abgelagert wird, bevor die Arroyos in andere Gewässer münden, so wird doch während des Jahres eine grosse Quantität weggeführt. Da solche Arroyos während der ganzen Zeit der Pampasbildung sehr häufig waren, wie an gewissen im Löss auftretenden Erscheinungen nachzuweisen ist, so war die Entstehung dieser Formation eine um so langsamere, als ein Theil des schon abgelagerten Materials wieder weggeführt wurde.

Heute verlieren sich diese Arroyos gegen ihre Mündungen hin, im Gegensatz zu den Berggewässern, die sich gegen die Quellen hin verlieren. Dies hat seinen ganz natürlichen Grund. Da die Arroyos da, wo sie ihren Anfang nehmen, am wenigsten Wasser führen, so werden sie hier auch am leichtesten ausgefüllt. Sobald das Bett eines Arroyo ein wenig über das Niveau des Grundwassers erhöht ist, so führt hier derselbe bei trockener Witterung kein Wasser mehr; das Bett füllt sich deshalb verhältnissmässig sehr schnell aus, und es entsteht aus dem Arroyo wieder eine Cañada. Der Arroyo Pergamino hat heute nur noch bis etwa 5 km oberhalb des Städtchens gleichen Namens ein Bett mit fliessendem Wasser; von da an zieht sich eine Cañada bis nach Colon hin. Der Arroyo Salta nimmt heute seinen Anfang in einer Cañada, die sich über 50 km weit erstreckt. Von da an, wo der Arroyo Pavon seinen Anfang nimmt, kann man eine Cañada bis nach der Lagune Melincue verfolgen; ebenso lässt sich heute noch die Richtung erkennen, in welcher sich der Rio cuarto von der Lagune Melincue gegen das Gebirge hin verlor. Das Terrain wird immer sandiger, und die Medanos werden immer höher, je mehr man sich der Gegend nähert, in welcher sich heute der Fluss in den Pampas verliert. Es ist dies in der Nähe von Carlota. Im nämlichen Bañado, in welchem der Rio cuarto verschwindet, nimmt heute der Arroyo Saladillo seinen Anfang.

Auch von den aus den Sierren de Tandil und de la Ventana kommenden Gewässern verliert sich eine Anzahl in der Pampasebene. Diese beiden Sierren scheinen nur die höchsten Kuppen zweier grossen primären Gebirgsketten zu sein, deren Basis und Vorgebirge tief im Pampaslöss begraben liegen. Die isolirten kleinen Felsstöcke von oft nur einigen hundert Metern Ausdehnung, die so jäh aus der Ebene hervorragen, berechtigen ganz besonders zu der Annahme, dass sie die Ueberreste oder Spitzen hoher Berge seien. Was jedem Reisenden, der diese Gegenden besucht hat, sofort auffiel, ist der Umstand, dass man nur unmittelbar am Fusse der Berge gröberes Geröll im Löss gelagert antrifft. Das Fehlen der Gerölle im Löss in geringer Entfernung vom Gebirge zeigt uns aber gerade, dass die nämlichen Naturkräfte, die heute hier thätig sind, auch in früheren Zeiten gewirkt haben müssen. Wenn hier eine Eiszeit vorgekommen wäre wie in Europa, so müssten wir Spuren derselben unzweifelhaft finden. Auch sind diese primären Gebirgsmassen in den hier in Frage kommenden Zeiten weder von den Wogen des Oceans bespült worden, noch haben grosse Ueberschwemmungen oder Kataklysmen stattgefunden, welchen die Pampasformation nach der Ansicht vieler Forscher hauptsächlich ihre Entstehung zu verdanken hätte. Wenn aber ein solches Ereigniss stattgefunden hätte, so müssten wir auf weiten Strecken Gerölle in der Ebene finden. Bekanntlich lagern die Gebirgswässer das gröbere Geschiebe da ab, wo sie in ein Thal oder eine Ebene münden, während die feineren Bestandtheile wie Sand und Schlamm je nach dem Verhältniss der Stromstärke mehr oder weniger weit schwebend fortgeführt und grösstentheils an den Ufern abgesetzt werden, von wo aus sie dann der Wind über die Ebene zerstreut. Durch starke Regengüsse angeschwollene Bäche vermögen auch wohl grössere Rollstücke auf dem Boden wegzurollen und weiter in die Ebene hinaus zu transportiren; doch bleiben dieselben im Bette liegen, sobald die nöthige Triebkraft fehlt. Der Wind kann dieselben natürlich nicht über das Land zerstreuen, und wir finden deshalb nur in gewissen Schichten Kies. Wäre der Löss das Product grosser Ueberschwemmungen, so müssten wir wenigstens noch in einiger Entfernung von diesen Gebirgen überall Gerölle in ihm treffen.

Der Beschaffenheit des Lösses in der Umgegend dieser Bergketten nach zu schliessen, muss die Gesteinsverwitterung und -Ablagerung in den beiden Gebirgen eine ungemein langsame gewesen sein, da die Verwandlung des Materials in Löss eine ziemlich vollkommene ist, viel vollkommener als in der Umgebung der Sierra de Cordoba. Dass der Löss in der Gegend der Sierren de Tandil und de la Ventana zum grössten Theile aus dem Detritus dieser Gebirge entstanden ist, wird kaum bezweifelt werden dürfen. Wir sehen dies schon aus dem Umstande, dass die Pampasebene in der Nähe und zwischen beiden Ketten am höchsten ist. Auf beigegebener Karte (Taf. XXII) ist die Höhenlage verschiedener Punkte in Zahlen angegeben. Die Station La Gama, welche sich so ziemlich in der Mitte der beiden Ketten befindet (94 km von Olavarria und 98 km von der Station Arroya Corta entfernt) liegt 169 m über dem Meere. Cacharria (104 km von Olavarria) dagegen nur 79 m ü. M. Es ist anzunehmen, dass sich vor der Entstehung der Pampasformation zwischen den beiden Ketten eine der grössten Bodenvertiefungen der Provinz Buenos Aires befunden hat, welche dann durch das verwitterte Gestein dieser Gebirge ausgefüllt wurde. Von einer Hebung des Bodens kann gar keine Rede sein, da in diesem Falle entschieden an der einen oder der anderen Stelle ältere Schichten zu Tage treten würden. Ueberhaupt bin ich der Ansicht, dass seit der Zeit, da sich die primären Gesteinsmassen der beiden Ketten aufrichteten, in der Provinz Buenos Aires keine örtlichen Hebungen und Senkungen mehr stattfanden, weil wir keine anderen Schichten als Löss und primäres Gestein zu Tage treten sehen. Die früheren Unebenheiten des Bodens haben sich während der langen Zeiträume durch vom Wasser und Winde transportirtes Material ausgefüllt. Damit soll aber nicht gesagt sein, dass keine Hebungen und Senkungen der ganzen Gegend stattgefunden haben könnten.

Die Pampas waren früher jedenfalls viel reicher an Flüssen als heute. Da die Gegend viel unebener gewesen sein muss und die Gebirge jedenfalls eine viel grössere Ausdehnung hatten, so floss das Regenwasser zu Flüssen zusammen, während es heute auf dem Flachlande liegen bleibt und theilweise in den Boden einsickert, theilweise verdunstet. Man hat bis jetzt diese Art fluvio-terrestrischer Gebilde nur nicht richtig erkannt, weil man sie für marine Ablagerungen hielt und glaubte, dass der Löss der ganzen Pampas auf marinen Schichten ruhe, wie derjenige in der Provinz Entre Rios. AGUIRRE glaubt, dass der Löss gegen Westen an Mächtigkeit abnehme, weil man in Buenos Aires in einer Tiefe von 50 m, in Chacabuco aber schon bei 15 m Tiefe auf eine Sandschicht stosse. Der grösste Theil dieser fluvialen Ablagerungen, die in einiger Tiefe im Lösse getroffen werden, besteht aus alten Flussbetten oder Stellen, an denen sich ein Fluss verloren hat. Dies schliesst jedoch nicht aus, dass der untere Theil der fluvialen Ablagerungen bei der Stadt Buenos Aires nicht marinen Ursprungs sein könne. Warum soll sich zu jener Zeit dort nicht eine Meeresbucht befunden haben können? Wie sich in neuerer Zeit herausstellte, sind diese fluvio-terrestrischen Gebilde beinahe in allen Gebieten der Pampas in einer grösseren oder geringeren Tiefe zu treffen; ja man ist beim Bohren unversiegbarer Brunnen auf zwei und drei unter einander liegende, durch Löss getrennte fluviale Schichten gestossen. Ganz unbegreiflich erscheint AMEGHINO'S Annahme, dass während der Bildung der Pampas keine Flüsse durch dieselben geflossen seien und die Entstehung der heutigen fliessenden Gewässer aus neuester Zeit datire. Er sagt [1]: „Es wäre nichtsdestoweniger interessant die Spuren eines alten Flussbettes zu finden, aber wir dürfen in dieser Hinsicht keine grossen Resultate erwarten, weil das Wasser zur Zeit der Pampasbildung keine grossen Betten auswaschen konnte, sondern nur Gräben oder Cañadas, deren Kurs durch die periodischen Ueberschwemmungen beständig verändert wurde." — AMEGHINO muss also glauben, dass das Relief der Pampas während der ganzen Bildungszeit ein dem heutigen ähnliches gewesen sei. In einer hügeligen Gegend hätten ja Bäche und Flüsse entstehen müssen.

Da die Sedimente der alten Flussbetten aus gröberem und lockerer gelagertem Material bestehen als der Löss, so müssen sie auch wasserreicher sein. Die Brunnen, welche im Löss bis unter das Grundwasser-Niveau gegraben werden, werden bei starkem Wasserverbrauch erschöpft. Da durch langen Wasserverbrauch dem benachbarten Gestein alles Wasser entzogen wird, so muss mit dem Wasserziehen eine Zeit lang gewartet werden, bis dasselbe aus einiger Entfernung durch den Löss sickert und sich der Brunnen wieder füllt. Die fluvio-terrestrischen Ablage-

---

[1] „Formacion Pampeana", p. 216.

rungen enthalten dagegen nicht blos viel mehr Wasser, sondern dieses kann auch leichter durch das viel porösere Gestein sickern. Nichtsdestoweniger versiegen auch solche Brunnen, die bis auf eine fluviale Ablagerung hinunter reichen, besonders wenn man in geringer Tiefe eine solche Schicht trifft. Sie müssen dann tiefer gelegt werden, bis man auf eine zweite fluviale Schicht kommt. Ein solcher Brunnen ist dann gewöhnlich unerschöpfbar. Die Kenntnisse, die mir über diese fluvio-terrestrischen Schichten zur Verfügung stehen, reichen nicht aus, um die Richtung, in welcher einige dieser Flüsse geflossen sind, sowie deren Grösse annähernd feststellen zu können. Nichtsdestoweniger sind schon so viele Brunnen gegraben worden, dass dies möglich wäre, wenn sich Jemand mit dem Studium derselben beschäftigt hätte. Die meisten dieser Brunnen werden von Privatleuten hergestellt, wobei Niemand von den Gesteinen Notiz nimmt, welche der Bohrer zu Tage fördert. Das Studium dieser Brunnenbohrungen ist eben auch mit vielen Kosten und grossem Zeitverlust verbunden und würde demjenigen, der sich damit befassen wollte, wenig oder nichts eintragen. DOERING wies schon vor Jahren darauf hin, dass die Regierung Jemand mit diesem Studium beauftragen sollte. Selbstverständlich würde dadurch nicht nur die Neugier einiger Wissbegierigen befriedigt, sondern es wäre auch für die Bewohner dieser Gegenden von grossem Nutzen, wenn man die Wasser führenden Schichten genau kennen würde. Die einzige Arbeit, die ich über diese Schichten kenne, ist von Herrn DOERING in Cordoba. Er hat dieselben bei Anlass des Baues der artesischen Brunnen an der Eisenbahnlinie von Cordoba nach Tucuman studirt und das Resultat veröffentlicht[1]). Nach ihm ist man beim Graben eines Brunnens bei der Station Frias (Catamarca) nach einer etwa 20 m mächtigen Löss- inclusive Humusschicht auf eine fluviale, aus Sand und Kies bestehende Ablagerung von beinahe 4 m Mächtigkeit gestossen. Unter dieser folgte wieder eine Lössschicht, 8 m mächtig, dann eine Lage von Tosca-Conglomeraten; unter dieser kam eine sehr sandhaltige Thonschicht, und nun stiess man wieder auf eine fluviale Ablagerung. Anfänglich bestand dieselbe aus feinem Sand, der immer gröber wurde und zuletzt in eine Kiesschicht überging. DOERING weist nach, dass diese Ablagerungen von Flüssen herrühren, die zur Zeit der Lössbildung durch die Pampas flossen oder sich in derselben verloren. Er sagt: „Das Phänomen, dass Flüsse und Bäche, nachdem sie eine Strecke in der Pampasebene fliessen, ihr Wasser durch Einsickern in den

---

[1]) „Boletin de la Academia de Ciencias Naturales de Cordoba", VI.

Untergrund verlieren, ist charakteristisch für alle kleineren Gewässer längs der Sub-Andinen und scheint die Folge des hohen geologischen Alters dieses Continents zu sein. Zur Zeit als von Europa nur die Umrisse eines kleinen Archipels über den Ocean emporragten, dehnte sich hier ein imposanter Continent weit über die heutige Küste aus. Während dort am Fuss der primären Gebirge die marinen Schichten entstanden, lagerten hier unzählige Flüsse Kies und Sand um die Gebirge ab. Als im nördlichen Europa noch kaum die erforderlichen Bedingungen für die Existenz des Menschen vorhanden waren, waren die Ebenen von Süd-Amerika schon von einer kleinen (?), primitiven Menschenrasse stark bevölkert." — Ich stimme Doering's Ansicht vollkommen bei, dass die terrestrischen Bildungen, die in Europa erst zu Ende der Tertiärzeit ihren Anfang nahmen, hier schon in der Secundärzeit begonnen haben.

Wie man sieht, hat das Wasser überall nur als vermittelndes Agens bei der Lössbildung gewirkt, ebenso der Wind, dem die Rolle zukam, die vom Wasser abgesetzten leichteren Bestandtheile zu zerstreuen, die Hauptrolle kommt aber unstreitig den Organismen zu, welche die verschiedenen Materialien in Löss verwandelten.

**Vorkommen der fossilen Reste.** Am Schlusse dieses Abschnitts will ich noch das Vorkommen der fossilen Reste in der Pampasformation auf die hier angeführte Theorie prüfen. Man wird sehen, dass dieselbe nicht im Widerspruche steht mit der Art und Weise, in welcher die Fossilien im Löss eingelagert sind. Es sei hier jedoch bemerkt, dass das Folgende nicht ein Versuch ist, die Art und Weise des Vorkommens der fossilen Reste mit meiner Theorie in Einklang zu bringen, sondern dass ich nach der Entstehungsursache des Lösses suchte, weil ich sah, dass die diesbezüglichen Erscheinungen mit allen bis jetzt über die Entstehung der Pampasformation aufgestellten Theorien nicht in Einklang zu bringen waren.

Wie schon wiederholt gesagt wurde, sind in unserer Pampasbildung keine Spuren verheerender Naturkräfte vorhanden. Ja, wenn man nach der Lagerung der Thierreste in der Erde schliessen wollte, könnte man glauben, dass die Naturkräfte früher noch milder gewirkt hätten als heute. Wir sehen heute manchmal haufenweise Kadaver von Pferden, Rindern und Schafen beisammen liegen, die jählings umgekommen sind. Bei grosser Trockenheit oder bei sehr kalten Winterstürmen gehen sehr oft Hunderttausende von diesen Thieren zu Grunde. So kamen z. B. im nördlichen Theile der Provinz Buenos Aires im September

1880 bei einem drei Tage anhaltenden Sturme über eine Million Pferde und Rinder um. Nach solchen Stürmen sieht man überall im Camp grosse Haufen verendeten Viehes bei einander liegen. Wir sehen heute im Camp massenhaft Knochen von Hausthieren, welche von der Natur, d. h. ohne Zuthun der Menschen allmählich mit Erde bedeckt werden [1]).

Von solchen Ereignissen wie die hier angeführten, sind aus früheren Perioden keine Spuren vorhanden, wenigstens kenne ich keine. In den meisten Fällen sind nur Knochen eines Individuums an einer Stelle beisammen. Es sind schon Ausnahmen, wenn man Reste von mehr als einem Thiere zusammentrifft. Während in anderen Gegenden unserer Erde sich die mannichfaltigsten Naturereignisse abgespielt haben und so die verschiedenen Perioden der Secundär-, Tertiär- und Quartärzeit entstanden sind, hat hier nur eine Epoche gewaltet, während welcher eine terrestrische Bildung entstanden ist, ähnlich derjenigen der Quartärzeit Europas. Die uns bekannten marinen Bildungen, welche während der Entstehung des Pampaslösses abgelagert wurden, sind in Folge langsamen Sichsenkens eines Theiles des Continents entstanden. Nur die primären Gesteinsmassen, welche an einigen Stellen über die Pampasformation hervorragen, zeugen von Gewaltakten der Naturkräfte.

Es ist ganz natürlich, dass die Pampas ein Paradies sein mussten für die Säugethiere; hier konnten diese sich zu jener kolossalen Grösse und Mannichfaltigkeit ausbilden. Es scheint, dass die Säugethiere gegen das Ende der Tertiärzeit ihre höchste Blüthe erreicht haben und nun wieder im Aussterben begriffen sind. Ja, man könnte glauben, dass alle lebenden Wesen eine begrenzte Existenz haben und wieder aussterben, wie sie entstanden sind, indem zuerst Species, dann Genera und nachher ganze Familien erlöschen, bis schliesslich das ganze Reich verschwindet. Obschon wir heute über 300 Arten von Säugethieren aus den uns zugänglichen Schichten der Pampasformation kennen, so bilden diese dennoch nur einen kleinen Theil der Fauna, welche zu jener Zeit hier existirte. Fast jedes Stück, das wir finden, rührt von einem noch unbekannten Thiere her. Immer müssen neue Species und Genera, ja selbst Familien aufgestellt werden. Ganz mit Unrecht hat man AMEGHINO den Vorwurf gemacht, er übertreibe die Sache, indem er in jedem fossilen Knochen, den er finde, ein bisher noch nicht bekanntes Thier sehe. Auch ich hatte früher diese Ansicht, da für mich nur die Unter-

---

[1]) Diese Knochen werden heute zum Nachtheile des Landes gesammelt und nach Europa geschickt.

schiede der Genera existirten. In den Species erblickte ich ein solches Chaos, dass ich dieselben nur für Spielarten hielt und glaubte, die Unterschiede derselben seien blos individuelle. Je mehr sich aber mein Vergleichsmaterial anhäufte, und je mehr ich mich in die Sache einlebte, desto deutlicher erkannte ich die Unterschiede der Species. Immer mehr komme ich zu der Ueberzeugung, dass viel häufiger Knochenreste verschiedener Species, ja selbst verschiedener Genera als einer und derselben Species angehörend angesehen und beschrieben, als dass aus einer und derselben Species verschiedene gemacht werden.

Sehr aufgefallen ist es mir, dass wir aus der Pampasformation verhältnissmässig wenige kleine Säugethiere und beinahe gar keine Vögel und Kriechthiere kennen. Ich bin aber zu der Ueberzeugung gekommen, dass diese keineswegs weniger häufig vorgekommen sind als die grossen Säugethiere. Weil die Knochen gewöhnlich die Farbe des Gesteins haben, in welchem sie liegen, so erfordert es ein weit geübteres Auge und grössere Aufmerksamkeit, um dieselben zu entdecken. Der Hauptgrund liegt aber darin, dass sie, wie wir später sehen werden, viel seltener erhalten blieben als die grossen. Die Knochen mussten in Löss zu liegen kommen und nicht in Humus, damit sie nicht zerstört wurden. Wir finden deshalb auch häufiger Knochen in den früher beschriebenen fluvio-terrestrischen und lacustren Ablagerungen als im äolischen Löss, weil letzterer aus Humuserde entstanden ist. Da die fluvio-terrestrischen und lacustren Ablagerungen denjenigen des äolischen Lösses gegenüber gering sind, so kamen die meisten Knochen auf die Humusschicht zu liegen. Der Process der Versteinerung besteht bekanntlich darin, dass die organischen Substanzen durch mineralische ersetzt werden. Die Verwandlung eines organischen Körpers in einen fossilen hängt hauptsächlich von dem Umstande ab, dass derselbe in ein Gestein zu liegen kommt, wo der Fäulnissprocess die organischen Bestandtheile so langsam zerstört und der Körper so lange seine ursprüngliche Form beibehält, bis die mineralischen Substanzen den Platz eingenommen haben, welcher durch das Verschwinden der organischen Moleküle leer geworden war. Natürlich müssen im Gestein auch die mineralischen Substanzen vorhanden sein, welche die Versteinerung bedingt. Verendete ein Thier und blieben die Knochen nach der Verwesung des Kadavers auf der Humuserde der freien Luft, dem Regen und der Sonne ausgesetzt, so wurden sie mit der Zeit zersetzt, d. h. sie wurden in ihre Grundelemente aufgelöst, die einestheils vom Regen weggespült, anderentheils von der Atmosphäre und den lebenden Organismen absorbirt wurden, sodass jede Spur der

Knochen verschwand. Wurden dagegen die Knochen nach der Verwesung des Kadavers oder auch während derselben mit Humuserde bedeckt, so war die Zersetzung eine viel langsamere. Da aber hier die zur Versteinerung nothwendigen anorganischen Substanzen gewöhnlich nicht in genügender Quantität in flüssigem Zustande vorhanden waren, um die durch die Zersetzung frei gewordenen Theile zu ersetzen, so blieben die Knochen meist unvollständig erhalten. So oft ich Reste ausgestorbener Thiere in der den Uebergang vom Löss in den Humus bildenden Schicht getroffen habe, waren sie schlecht erhalten. Ich habe stets nur Knochen, Panzerstücke und Zähne ganz grosser, nie aber solche ganz kleiner Thiere darin gefunden. Hier haben wir die Erklärung, weshalb die Fossilien, die man im äolischen Löss findet, gewöhnlich schlecht erhalten sind. Derselbe ist eben aus Humuserde entstanden. Von zehn darin vorkommenden Thieren zerfällt höchstens eins nicht in Pulver, nachdem man es blosgelegt hat. Dennoch finden wir mitunter aussergewöhnlich gut erhaltene Knochen in dieser Schicht. Der Grund hiervon ist folgender: Wir sehen heute noch in den Pampas oft Stellen, wo äolischer Löss zu Tage tritt, derselbe also nicht mit Humuserde bedeckt ist. Sie werden hier zu Lande Desplayadas oder Comederos genannt. Diese, häufig kleinere verticale Zerklüftungen zeigenden Stellen befinden sich meistens an kleinen Abhängen. Kam nun ein frischer Knochen auf eine solche Stelle zu liegen, so wurde er von dem ihn umgebenden Löss bedeckt. Hier war nun die Zerstörung der organischen Substanzen nicht nur eine sehr langsame[1]), sondern im Löss sind auch die mineralischen Substanzen vorhanden, um die allmählich sich verlierenden organischen Bestandtheile zu ersetzen. Solche Desplayadas verwandeln sich sehr oft in kürzester Zeit wieder in fruchtbares Land, indem Wind und Regenwasser die Zerklüftungen ausbuen und Staub, Samen, Grashalme etc. darauf ablagern, sodass bald eine üppige Vegetation entsteht.

Jeder, der sich hier längere Zeit mit dem Sammeln von Fossilien beschäftigt, wird solche Desplayadas verschwinden und sogar entstehen sehen, wenn auch letzteres seltener. Ich will hier eine der bedeutendsten, welche ich verschwinden sah, der Vergessenheit entreissen, weil ich dort den ersten fossilen Menschen gefunden habe. Dieselbe befand sich nicht ganz 10 km von Pergamino theils im Camp von Dionisio Choa, theils in

---

[1]) Ich habe in der Nähe von San Nicolas Knochenreste von Indianern im Löss getroffen, welche Reste aus der Zeit vor der Eroberung herrührten und noch ganz frisch waren.

dem von Reinaldo Otero ganz in der Nähe vom Saladero. Im Jahre 1876 suchte ich dieselbe in Begleitung von José Mayorote, einem guten Begleiter, der mir stets in Erinnerung bleiben wird, auf Fossilien ab. In einer ungefähr 3 m tiefen Kluft sah ich ein Stück eines Schädels etwas über den Löss hervorragen. Wir gruben denselben aus sowie auch das Skelett, welches ebenfalls vollständig erhalten war. Leider wurde später durch Ungeschicklichkeit beinahe Alles zerstört; nur einige kleine Fragmente schickte ich viel später an Herrn Burmeister nach Buenos Aires. Noch im Jahre 1881 habe ich auf dieser Desplayada Fossilien ausgegraben, doch wuchs schon an vielen Stellen Gras auf derselben. Als ich im Jahre 1884 hier wieder nach Fossilien suchen wollte, befand sich darauf ein undurchdringlicher Distelwald. Von einer Desplayada war keine Spur mehr vorhanden; alle Zerklüftungen waren ausgefüllt.

Weitaus am häufigsten tritt jedoch der Löss an den Barrancas der Flüsse und Arroyos zu Tage. Die Barrancas sind meist sehr zerklüftet und voll von grossen und kleinen Wasserrinnen. Fiel nun ein so unbehülfliches Ungethüm, wie z. B. ein *Glyptodon*, in eine solche Rinne, so musste es zu Grunde gehen und wurde mit der Zeit von dem von den Lösswänden abwitternden Gestein bedeckt. Gewöhnlich trennten sich aber Skelettteile vom Kadaver ab, bevor er ganz zugedeckt war. Wir finden deshalb fast nie ein vollständiges Skelett beisammen, ja manchmal trifft man in einiger Entfernung von der Stelle, wo der Haupttheil des Skelettes liegt, vereinzelte Stücke von demselben. Kam ein *Glyptodon* auf den Rücken zu liegen, so verloren sich die Skeletttheile und der Rand des Panzers, bevor es ganz bedeckt wurde. Der Panzer ist deshalb in diesem Falle gewöhnlich leer, d. h. es fehlen die dazu gehörigen Knochen. Burmeister glaubt, dass diese Panzer eine Zeit lang auf dem Wasser getrieben hätten und deshalb die Knochen verloren gegangen seien. Wir finden aber häufig vereinzelte Knochen des nämlichen Thieres neben dem Panzer, ja selbst unter demselben liegen. Ferner fehlen bei diesen Panzern gewöhnlich die Ränder, während der übrige Theil unbeschädigt ist. Wie sollten nun fast immer die Ränder und nicht andere Stellen beschädigt worden sein? Es ist entschieden glaubwürdiger, dass, während das Thier allmählich zugedeckt wurde, die am längsten hervorragenden Ränder verwitterten, während diejenigen Theile, welche zuerst mit Löss bedeckt wurden, gut erhalten blieben. Ich könnte unzählige Fälle anführen, wo Knochensplitter und vereinzelte Zähne vom nämlichen Thiere beim Skelett lagen, während grössere Theile fehlten. Der Kadaver musste also schon ganz in Verwesung übergegangen sein, bevor die Knochen zugedeckt wurden. Wie hätten vereinzelten Zähne und Knochensplitter mit grösseren ' Skeletttheilen zusammen durch das Wasser an eine und dieselbe Stelle geschwemmt werden können? Ich habe stets nur an solchen Knochen, die ich vereinzelt gefunden habe, Spuren getroffen, welche darauf hinweisen, dass sie vom Wasser getrieben worden waren.

Bei den Glyptodonten ist in den meisten Fällen der grösste Theil des Skeletts vorhanden, wenn das Thier auf den Bauch zu liegen kam. In diesem Falle hielt nämlich der Panzer die Knochen zusammen, während er allmählich mit Erde zugedeckt wurde. Hier fehlt dann aber gewöhnlich ein Theil des Rückens, weil dieser am längsten der freien Luft ausgesetzt blieb. Oft findet man bei genauerer Untersuchung des Terrains, dass ein Thier lebend oder todt in ein Loch oder eine Rinne gefallen sein musste, dies ist besonders deutlich zu sehen, wenn dasselbe durch fluvio-terrestrische oder lacustre Ablagerungen bedeckt wurde, da nämlich in diesem Falle das Gestein, welches das Skelett bedeckt, von dem umgebenden verschieden ist. Das Skelett ist dann ziemlich vollständig.

Häufig wurde ein Thier theilweise mit Löss oder lacustrem Mergel und theilweise mit Schlamm und faulenden Stoffen zugedeckt; dann ist stets der eine Theil des Skeletts gut, der andere schlecht erhalten. Im besten Zustande befinden sich immer die Knochen in den lacustren Ablagerungen. Die meisten vollständigen Skelette stammen aus diesen.

Die Stellen, an denen der Pampaslöss oder der lacustre Mergel zu Tage tritt, sind aber verschwindend klein im Vergleiche zur Ausdehnung der Hauptmasse, die mit einer Humusschicht überdeckt ist, und es darf mit Bestimmtheit angenommen werden, dass das Verhältniss während der Entstehung der uns zugänglichen Schichten ein ähnliches war. Wenn nun auch verhältnissmässig mehr thierische Leichname auf von Humus entblösste Stellen zu liegen kommen als auf die Humuserde, so wurde von 1000 Thieren, die umkamen, kaum eins in solches Gestein gebettet, wo die Knochen erhalten blieben. Deshalb auch das spärliche Vorkommen des Menschen; die Leichen wurden eben nicht im Löss begraben. Vergleichen wir die Lagerung der Reste von heute lebenden Thieren mit derjenigen der ausgestorbenen, die wir aus dem Löss graben, so kann durchaus kein Zweifel darüber aufkommen, dass letztere in ganz gleicher Weise zugedeckt worden sind.

Wir sehen überall meine Ansicht von der Entstehung der Pampasformation bestätigt. Freilich waren ungeheure Zeiträume zu ihrer Bildung nothwendig. Alle Erscheinungen lassen sich mit meiner Auffassung in Einklang bringen, ja jedes einzelne Vorkommniss bedingt einen solchen Bildungsprocess. Die Pampasformation konnte durch die in der Gegenwart wirkenden Naturkräfte entstehen; nichts steht mit der Theorie, nach welcher die Pampas jetzt noch in ihrer vollen Entwicklung sich befinden, im Widerspruch.

## V. Das Alter der Pampasformation.

Altersbestimmung der Epochen im Allgemeinen.

Ueber die Einreihung der Pampasformation in eine der bestehenden geologischen Perioden sind die Ansichten verschieden. Dies hat seinen natürlichen Grund darin, dass die chronologische Eintheilung unserer Erdrinde hauptsächlich auf die geologische Beschaffenheit eines Theiles von Europa gegründet wird, wo keine der Pampasformation ähnliche Bildung vorhanden ist. Die Altersbestimmung einer Schicht nach den in ihr vorkommenden organischen Resten ist sehr bequem; sie mag auch auf gewisse Gegenden mit Erfolg angewandt werden, besonders auf diejenigen, auf welche diese Theorie gegründet worden ist. Wir wissen mit Bestimmtheit, dass Organismen, die in früheren geologischen Zeiträumen gelebt haben, gänzlich ausgestorben und andere Formen entstanden sind, die während der Ablagerung der älteren Schichten noch nicht gelebt haben. Dafür aber, dass die betreffenden Typen in der nämlichen Periode auf der ganzen Erde auftraten oder verschwanden, haben wir keine Beweise; vielmehr ist in neuerer Zeit das Gegentheil bewiesen worden. Die Altersbestimmung einer Periode nach den darin vorkommenden Petrefacten darf daher entschieden nicht auf alle Gegenden der Erde angewandt werden, wenn sie der Wirklichkeit entsprechen soll.

Mir scheint überhaupt, dass die verschiedenen Formationen, in welche die Erdrinde eingetheilt ist, nicht so sehr von einer bestimmten Zeitepoche, als vielmehr von der Art und Weise ihrer Bildung abhängig sind. So brauchte z. B. die Kreideformation entschieden ein Meer zu ihrer Entstehung — weshalb sollen aber an anderen Orten im gleichen Zeitraume nicht grosse terrestrische Bildungen entstanden sein können? Um aber die Gleichzeitigkeit der beiden Bildungen nachweisen zu können, müsste man nach den heutigen geologischen Kennzeichen für die Altersbestimmung die charakteristischen Fossilien der Kreide, also Meeresthiere in der terrestrischen Bildung nachweisen können, da wir keine Landthiere aus dieser Epoche kennen. Einige bedeutende Geologen weisen bereits darauf hin, dass die Bestimmung einer Epoche nach den im Gestein vorhandenen Organismen nicht immer dem wirklichen Alter der Schichten entsprechen könne. Suess sagt[1]): „Aber es bedarf kaum der Bemerkung, dass der jeweilige Charakter der Fauna wohl ein höchst werthvolles, passives Merkmal ist, dass aber die physikalischen Ursachen der Veränderungen dereinst, nachdem sie richtig erkannt sein werden, die einzige natürliche Grundlage einer Abgrenzung der Zeitabschnitte sein werden."

Die Theorie der Altersbestimmung einer Epoche nach den organischen Einschlüssen hat für den Paläontologen noch einen anderen Nachtheil. Durch das Auffinden recenter Thierreste in Schichten, die bis zur Zeit für älter gehalten worden sind, wird nämlich nur nachgewiesen, dass letztere einer jüngeren Zeit angehören und nicht, dass die betreffenden Thiere schon in einer früheren Zeit gelebt haben als bis jetzt angenommen wurde. Dieser Umstand ist ganz besonders für die Abstammunglehre von grosser Bedentung.

Weil eine allgemeine terrestrische Bildung in Europa erst mit der Quartärzeit beginnt, muss sie deshalb in den Pampas auch erst in dieser Zeit begonnen haben? Ich hege die vollste Ueberzeugung, dass die Erosionsarbeiten, welche sich im Centrum Europas seit der Quartärzeit vollziehen, in den Pampas in der Secundärzeit stattgefunden haben. Es ist gar nicht denkbar, dass die Pampasebene schon von jeher ein solches Flachland gewesen sei; man muss vielmehr annehmen, dass die Gebirge, von denen noch einige Stöcke über den Löss hervorragen, durch Erosion verschwunden sind. Wir sehen in Gebirgsländern, wie die Natur bestrebt ist, die Unebenheiten des Bodens auszugleichen. Das Material, welches die Vertiefungen ausfüllte, ist um so ungleichmässiger, je gebirgiger das Land ist. Wir sehen dies auch in den Gebirgen Argentiniens, wo der Löss in den Thälern mit Schutt und grobem Geröll gemischt ist. Da, wo die Pampasebene nicht an Gebirge stösst, ist das Material ein ganz gleichmässiges. Die vorhandenen Unebenheiten des Bodens haben sich in früheren Zeiten gänzlich ausgeebnet, und darüber ist dann diese homogene Lössdecke entstanden. In denjenigen Gegenden Europas, auf welche die geologische Eintheilung gegründet ist, haben wir gar keine Formation, wie die Lössformation der Pampas sie darstellt, mit welcher man Vergleiche anstellen könnte, um von ihr weg auf das Alter der Pampas zu schliessen.

Anders verhält es sich mit der Meeresablagerung von Entre Rios, die grosse Aehnlichkeit mit den tertiären Meeres-

---

[1]) Das Antlitz der Erde, I. p. 17.

becken Europas zeigt. Da dieselbe in innigster Beziehung zu den Pampas steht, so gilt es, ihr Alter festzustellen, um dann auf das Alter der Pampasformation schliessen zu können.

Verschiedene Ansichten über das Alter der Entreriano - Formation. D'ORBIGNY theilt das Flachland von Argentinien in drei Formationen ein und bezeichnet dieselben als tertiär. Die unterste, zu welcher er das Gestein zählt, welches die Barranca des Parana von La Paz bis Corrientes bildet, nennt er Formation Guaranienne, dann lässt er die Formation Patagonienne folgen, zu welcher die Meeresablagerung von Entre Rios gehört, und zuletzt die Formation Pampéenne, welche aus der Lössformation besteht.

DARWIN möchte die Formation Patagonienne, zu der er auch die Deltabildung von Entre Rios zählt, als gleichaltrig mit der Eocän-Formation bezeichnen. Er sagt [1]: „Wenn wir betrachten, dass sehr wenige, wenn überhaupt welche von den 59 fossilen Muscheln identisch mit lebenden Species sind oder ihnen überhaupt nahe kommen; wenn wir betrachten, dass einige von den Gattungen jetzt nicht an der Westküste von Südamerika existiren und dass nicht weniger als 12 Gattungen unter den 32 früher eine sehr verschiedene Verbreitung von der der existirenden Species derselben Gattungen hatten, so müssen wir annehmen, dass diese Ablagerungen von beträchtlichem Alter sind und wahrscheinlich auf den Beginn der tertiären Zeit hinweisen. Dürfen wir nicht die Annahme wagen, dass sie von nahezu gleichaltrigem Ursprunge sind mit den eocänen Formationen der nördlichen Hemisphäre?"

BRAVARD ist der Ansicht, dass die Versteinerungen, welche sich in den Sedimenten von Entre Rios befinden, zwei Epochen angehören und ein Theil derselben aus einer älteren Schicht ausgewaschen und durch das Wasser auf secundäre Lagerstätte gebracht worden sei. Er sagt, dass er im Uebrigen D'ORBIGNY's Ansicht beistimme, nach welcher diese Bildung dem Miocän entspreche. Wer die Miocänschichten von Paris und die betreffenden Schichten von Entre Rios kenne, werde ihre Contemporanität nicht bezweifeln. Den Pampaslöss hält BRAVARD für quartär.

BURMEISTER's Meinung über das Alter dieser Formation geht dahin, dass, wenn man die ganze Tertiärformation in eine ältere und eine neuere eintheilen würde, man die Meeresbildung von Entre Rios zu der neueren zählen müsste.

---

[1] Geologische Beobachtungen über Süd-Amerika, p. 199.

Alle Autoren, die diese Gebilde kennen, stimmen darin überein, dass sie der Tertiärzeit angehören; nur welcher Periode dieser Epoche sie entsprechen, darüber sind die Ansichten verschieden. Ich glaube nicht, dass sie die Hälfte des Zeitraums der Tertiärepoche Europas für ihre Entstehung beansprucht haben, ja nicht einmal die Zeit des Miocän.

Das Verhältniss der Lagerung der Deltabildung zur Lagerung der Pampasformation. Von der Pampasformation wird allgemein angenommen, dass sie jünger sei als die Deltabildung von Entre Rios. Ich stelle der Ansicht, dass die Delta-Sedimente älter seien als die Pampasformation die Frage entgegen, warum die durchschnittlich nicht 8 m mächtige Lössschicht, die sich dort über der marinen Schicht befindet, eben so viel Zeit zu ihrer Entstehung beansprucht haben soll wie die Lössschichten der Pampasformation, deren Mächtigkeit wir noch gar nicht kennen. Wir dürfen mit Bestimmtheit annehmen, dass, nachdem die Deltabildung sich über das Wasser gehoben und mithin aufgehört hatte, sich weiter zu bilden, die terrestrische, also die Lössbildung, ihren Anfang genommen hat. Alle Diejenigen, welche sich mit diesem Gegenstande beschäftigt haben, scheinen unwillkürlich von der Ansicht auszugehen, dass nur während einer gewissen Zeit Löss entstanden sein könne und zwar nach der Ablagerung der marinen Sedimente, welche ja auch überall unter der Lössdecke der Pampasformation vorausgesetzt werden. Indess wissen wir mit Bestimmtheit nur, dass sich in der Umgebung der Stadt Buenos Aires unter einer 50 m mächtigen Lössschicht eine marine Ablagerung befindet. Die Sedimente, welche in anderen Gegenden der Pampas in verschiedenen Tiefen getroffen worden sind, erweisen sich als fluvioterrestrische Ablagerungen.

Es ist mir überhaupt ein Räthsel, was BURMEISTER und Andere mit der 10—60 Fuss dicken Thonschicht, aus der sie die Pampasformation ableiten, bezeichnen wollen. Das Gestein, welches sich unter einer so mächtigen Lössschicht befindet, ist Löss von ganz ähnlicher Beschaffenheit wie derjenige der oberen Schichten. Von etwa 500 fossilen Säugethieren, von denen ich Reste in den Pampas ausgegraben habe, stammen wenigstens 300 aus tieferen Schichten als diejenigen sind, welche BURMEISTER als Pampasformation bezeichnet.

Die fraglichen marinen Sedimente, die sich unter dem Löss in Buenos Aires befinden, sind entschieden viel älter als die von Entre Rios, nicht blos weil hier 50 m Löss darüber liegen, sondern auch weil der Löss reiner ist als in Entre Rios.

Der Löss von Entre Rios ist im Vergleich zu demjenigen im Centrum der Pampas sehr schnell entstanden. Die Gegend ist sehr uneben, und da die Sedimente, aus denen der Löss entstanden ist, sehr oft bis zu den höchsten Punkten reichen, so wurde das Material so schnell zerstreut, dass es von den Organismen nicht vollständig zersetzt werden konnte. Der grösste Theil des Lösses in der Provinz Buenos Aires ist dagegen aus Material entstanden, das aus einer anderen Gegend gebracht wurde; die Ablagerung war eine so langsame, dass die organische Welt Zeit hatte, das Material vollständig zu zersetzen.

Weil die Fauna in der Meeresablagerung von Entre Rios eine andere ist als in der Pampasformation, so ist dies durchaus noch kein Beweis, dass die erstere Bildung älter ist. Die Fauna der beiden Formationen muss unbedingt eine verschiedene sein, da die eine derselben eine marine, die andere aber eine terrestrische Bildung ist. Die neuerdings in Entre Rios gefundenen Säugethierreste haben ganz den Typus derjenigen, welche in der Pampasformation vorkommen (*Megatherium*, *Mylodon*, *Lestodon*, *Scelidotherium*, *Glyptodon*, *Eutatus*, *Macrauchenia*, *Toxodon* etc.). Wenn in Entre Rios einige Säugethiere, vorherrschend Nager, gefunden worden sind, welche man bis jetzt in den Pampas noch nicht entdeckt hat, so ist damit noch nicht der Beweis geliefert, dass sie nicht auch vorkommen, denn fortwährend werden Thiere gefunden, die man früher nicht kannte. Ich habe Reste von *Megamys*, welches als sehr charakteristisches Fossil von Entre Rios gilt, in der Pampasformation gefunden.

Mir ist gar kein zwingender Grund bekannt, die Entrerios-Formation für älter zu halten als die unteren Stockwerke der Pampasformation; wohl aber besitze ich Beweise, dass sie während der Bildung der mittleren Pampasformation entstanden ist. Wie sollte die schon erwähnte Muschelbank, welche sich bei San Pedro in der mittleren Pampasformation befindet, entstanden sein, wenn nicht an der Küste des Meeresbeckens von Entre Rios? Es handelt sich hier nicht blos um vereinzelte Muscheln, deren Herkunft eine zweifelhafte ist, weil sie aus zweiter oder dritter Hand in ein Museum gelangt sind, sondern um eine grosse Austernbank, von der sich Jedermann überzeugen kann, dass sie in der mittleren Pampasformation liegt.

Ferner befinden sich an verschiedenen Stellen in der Barranca des Parana fluvio-terrestrische Ablagerungen, die aus dem nämlichen Material bestehen, wie die Sedimente in Entre Rios. Diese Ablagerungen sind nur noch keinem anderen Forscher bekannt geworden, sonst würden sie ihm sofort aufgefallen sein. Sollten aber diese Beweise nicht genügen, so hebt der Löss,

welcher sich unter den marinen Schichten von Entre Rios
befindet, jeden Zweifel. Wir sehen, dass die unterste Schicht in
Entre Rios aus Löss besteht von der Beschaffenheit des Lösses
des unteren Pampeano, nun fehlt hier aber der Löss des mittleren Pampeano und an dessen Stelle befinden sich Deltasedimente. Ueber diesen folgt wieder Löss von ähnlicher Beschaffenheit und gleich lockerer Lagerung wie der Löss des
oberen Pampeano. Ich glaubte, dass diese Thatsachen nur mir
bekannt wären; nun sehe ich, dass DARWIN ähnliche Beobachtungen lange vor mir gemacht hat. Er schreibt [1]: „Unterhalb
dieser Schichten wurde eine Masse von rothem, kalkigem Thon,
welcher in dem unteren Theile mehr und mehr mergelig wurde
und Schichten von Sand enthielt und eine Mächtigkeit von 213
Fuss hat, bis zu einer Tiefe von 470 Fuss vom Niveau des Rio
Plata an durchbohrt. Diese untere Masse enthält keine Fossilien,
und ihr Alter ist natürlich unbekannt; ich will aber hinzufügen,
dass ich an zwei Stellen in der Banda Oriental, unterhalb
der marinen tertiären Lager, Schichten von rothem Thon mit
mergeligen Concretionen gesehen habe, welche mir wegen ihrer
mineralogischen Aehnlichkeit mit der darüber liegenden Pampasformation anzudeuten schienen, dass in einer alten Zeit der Rio
Plata eine Aestuarium-Formation abgelagert hat, welche später
von den marinen tertiären Schichten und diese wieder von der
neueren Aestuarium-Formation mit ihren zahlreichen Resten riesenhafter Säugethiere bedeckt wurde, und dass endlich das Ganze erhoben wurde, um die gegenwärtigen Ebenen der Pampas zu bilden." [2]

Wir sehen, dass die Lössbildung lange vor der Ablagerung der marinen Tertiärschichten begonnen hat. Entre
Rios war zur Zeit des unteren Pampeano ein Festland, dann hat
sich dasselbe während der Entstehung des mittleren Pampeano
unter den Ocean gesenkt und ist vom Meerwasser überfluthet
worden, bis es sich zur Zeit des oberen Pampeano wieder gehoben und wieder eine terrestrische Bildung begonnen hat. Eine
ähnliche Senkung hat an der Küste der Provinz Buenos Aires
in verhältnissmässig neuerer Zeit stattgefunden; während derselben
sind die marinen Ablagerungen mit recenten Muscheln entstanden.
Jetzt befindet sich die Küste in Hebung.

Relatives Alter der verschiedenen Stockwerke; ihre
Bildung reicht bis in's Eocän. Um wieder auf die Alters-

---

[1] Geologische Beobachtungen über Südamerika, p. 158.
[2] Dass DARWIN den Löss als eine Aestuarium-Formation bezeichnet, kommt hier nicht in Betracht.

bestimmung zurückzukommen, so finde ich BURMEISTER's Ansicht, dass die Deltabildung der oberen Hälfte der Tertiär- und eine 10—60 Fuss mächtige Lössschicht der Quartärzeit entspreche, für richtiger als diejenige AMEGHINO's, der die Pampasformation für pliocän erklärt. Was sollte in den Pampas während der Quartärzeit vorgegangen sein, wenn sie dem Pliocän angehörten? Was sollte aus den Thieren geworden sein, welche seither hier gelebt haben, wenn alle aus dem Löss stammenden dem Pliocän angehören würden? Dass seit dieser Zeit nur eine kaum 0,5 m mächtige Humusschicht, das Delta des heutigen Parana und die Muschelbänke längs der heutigen Küste entstanden seien, ist kaum anzunehmen. Auch eine Abtragung statt eines Aufbaues ist in einem Flachlande von solcher Ausdehnung nicht denkbar. Wie ich zur Genüge dargethan habe, hat die Lössbildung in den Pampas bis heute nicht aufgehört; mithin kann die Pampasformation nicht einer abgeschlossenen Periode, wie dem Pliocän, angehören.

Wenn aber BURMEISTER mit einer 10—60 Fuss mächtigen Thonschicht die ganze Pampasformation bezeichnen will, so zeigt er nur, dass er dieselbe trotz 25jährigen Studiums noch nicht genügend kennt. Mit einer solchen Schicht kann weder die ganze Pampasformation bezeichnet werden, noch stammen die Fossilien, die wir aus den Pampas kennen, blos aus einer 10—60 Fuss mächtigen Ablagerung. Diese entspricht dem obersten Stockwerke meiner Eintheilung, also dem Pampeano superior. Der grössere Theil der von mir gesammelten Fossilien stammt aus dem Pampeano intermediar und dem Pampeano inferior, also aus viel älteren Schichten. Unbegreiflich ist mir ferner, wie BURMEISTER sagen kann, er sehe keinen Grund, die Thierwelt der Pampasformation für abweichender von der gegenwärtigen Südamerikas zu erklären als die Thierwelt des Diluviums von der heutigen Europas. Kennen wir doch heute schon aus den Pampas über 300 Typen ausgestorbener Säugethiere, von denen nicht blos Species und Genera, sondern ganze Familien vom Erdboden verschwunden sind — während im Diluvium nur einige ausgestorbene Species vorhanden sind. Wenn es auch schwerlich dazu kommen wird, dass wir die Grenzen der verschiedenen Perioden der Tertiärzeit Europas in der Pampasformation nachweisen können, so dürfen wir doch mit Bestimmtheit schliessen, dass die uns zugänglichen Schichten vom Aluvium bis zum Eocän reichen. Die Deltabildung von Entre Rios hat entschieden in jeder Hinsicht am meisten Aehnlichkeit mit dem Miocän, mehr als mit jeder anderen geologischen Periode Europas. Mithin dürfte die mittlere Pampasformation in's Miocän und die untere noch in's Eocän reichen, während sich die obere Pampasformation mit der in den Humus übergehenden Schicht vom Diluvium bis in's Pliocän erstrecken würde. Die Humusschicht und die heutige Deltabildung, sowie die Muschelbänke längs der Küste dürften theils noch dem Diluvium und theils dem Aluvium angehören.

Am Schluss dieses Abschnitts lasse ich hier noch eine Eintheilung von Doering folgen.

Siehe Tabelle pag. 459.

Nach dieser Eintheilung würden die verschiedenen Pisos folgenden Stockwerken der Pampasformation entsprechen:

| | |
|---|---|
| Piso guaranitico. | |
| Piso pehuenche ó huilliche. | Untere Pampasformation [1]. |
| Piso paranense. | |
| Piso mesopotámico. | |
| Piso patagónico. | |
| Piso araucano. | Mittlere Pampasformation. |
| Piso puelche. | |
| Piso pampeano inferior. | |
| Piso eolitico. | Obere Pampasformation [2]. |
| Piso pampeano lacustre. | |
| Piso tehuelche. | Humusschicht mit Uebergangsschicht in Löss, Paranadelta und Muschelbänke längs der Meeresküste. |
| Piso guerandino. | |
| Piso platense. | |

## VI. Das Sammeln und Bearbeiten der Säugethiere aus der Pampasformation.

Schon von je her haben die eigenthümlichen, riesenhaften Säugethiere, die aus dem Pampaslöss stammen, die Bewunderung der Gelehrten erweckt, und es wird diese Gegend mit vollem Recht als das an fossilen Säugethierresten reichhaltigste Terrain angesehen. Häufig herrscht jedoch eine ganz falsche Anschauung hinsichtlich des Reichthums der Pampasformation an solchen

---

[1] Hier sei jedoch bemerkt, dass der untere Theil dieser Schicht in der Pampasformation uns nicht zugänglich ist und dass die Fossilien, welche ich als aus dem Pampeano inferior stammend bezeichnet habe, alle aus den obersten Theilen dieses Stockwerks stammen.

[2] Diese entspricht wiederum der 10—60 Fuss mächtigen Pampasformation Burmeister's.

|  |  | geológico. Cretáceo superior ó Post-cretáceo (Lámarico). | Formation tertiaria. | | | | F. cuaternaria ó diluv. | | F. aluv. |
|---|---|---|---|---|---|---|---|---|---|
|  |  |  | Eoceno | Oligoceno | Mioceno | Plioceno y Preglacial | Glacial | Diluvial | Aluvial |
|  |  |  |  |  |  | Época antropozoica | | | |
| A. Formaciones eocenas. Todas las especies, y, de los animales superiores, casi todos los géneros extinctos | | | | | | | | | |
| I. Formacion guaranítica | 1. Piso guaranítico (Formacion lignítica) | | | | | | | | |
|  | 2. Piso pehuenche ó huilliche (*Mesotherium*) | | | | | | | | |
| II. Formacion patagónica | 3. Piso paranense (*Ostrea Ferrarisi*) | | | | | | | | |
|  | 4. Piso mesopotámico (*Mesomys*, *Anoplotherium*) | | | | | | | | |
|  | 5. Piso patagónico (*Ostrea patagonica*) | | | | | | | | |
| B. Formaciones neogenas | | | | | | | | | |
| I. Formacion araucana (F. postpatagónica y subpampeana.) | 6. Tobas traquíticas en la patagonia. Piso araucano (*Nesodon*, *Anchitherium*) | | | | | | | | |
|  | 7. Piso puelche (Subpampeano) | | | | | | | | |
| II. Formacion pampeana | 8. Piso pamp. inferior (*Typotherium*) | | | | | | | | |
|  | 9. Piso colítico (*Equus*) | | | | | | | | |
|  | 10. Piso pamp. lacustre (*Paludestrina Ameghini*) | | | | | | | | |
| III. Formacion tehuelche ó errática | 11. Piso tehuelche (Rodados de la Patagonia) | | | | | | | | |
| IV. Formacion querandina ó postpampeana | 12. Piso querandino (*Azara labiata*, *Ostrea puelchana*) | | | | | | | | |
|  | 13. Piso platense (*Ampullaria d'Orbignyana*) | | | | | | | | |
| V. Formacion Ariana ó aluvial | 14. Piso Ariano | | | | | | | | |

Ueberresten, indem die meisten Gelehrten glauben, dass dieselben hier haufenweise beisammen liegen und man nur solche Stellen aufzufinden brauche, um in kürzester Frist eine grosse Sammlung fossiler Säugethiere ausgraben zu können. Weil dies nicht der Fall ist, so kamen die Pampas oder wenigstens die leicht zugänglichen Fundstellen derselben in Verruf, indem man sagte, sie seien ausgebeutet. Darüber bemerkt STELZNER[1]: „Leider muss ich aber sofort bemerken, dass ich selbst nicht in der Lage gewesen bin, einschlägige Beobachtungen von irgend welcher Bedeutung anzustellen, denn obwohl ich auf allen meinen Reisen sorgfältig nach Säugethierresten ausschaute und nachfragte, habe ich doch nur ein einziges Mal Gelegenheit gehabt, spärliche Panzerfragmente eines *Glyptodon* in situ zu sehen und zwar an einer Lösswand, welche einige Meilen unterhalb Cordoba die Gehänge des Rio primero bildet. Ich bemerke das ganz ausdrücklich, weil ich gefunden habe, dass man den Reichthum der Pampasformation an solchen Ueberresten oder zum wenigsten die Leichtigkeit ihrer Auffindung in der Regel überschätzt. Thatsächlich mögen jene ja recht häufig, und es mag ganz richtig sein, dass man, wie DARWIN meint, wohl kaum einen tiefen Durchschnitt in irgend einer Richtung quer durch die Pampas ausführen können würde, ohne dabei auf die Reste irgend eines Säugethieres zu stossen; aber auf der anderen Seite darf man auch nicht vergessen, dass Fundstätten für Knochen fast nur die Flussgehänge und Regenschluchten sind, dass diese Entblössungen, soweit sie in kultivirten und leichter zugänglichen Theilen des Landes liegen, bereits vollständig abgesucht wurden und dass neue Aufschlüsse im Gebiete der Pampa zu den grössten Seltenheiten gehören. So wird es erklärlich, dass man z. B. von meinem Collegen LORENTZ in Entre Rios 1000 Mark verlangte, bevor man ihm den Ort, an welchem wieder einmal Knochen im Löss gefunden waren, zeigen wollte."

Es kann durchaus keine Gegend der Pampas als abgesucht, viel weniger noch als ausgebeutet betrachtet werden. Ich habe in Gegenden, die 15 Jahre mein specielles Forschungsgebiet waren und die schon vor mir SEGUIN abgesucht hatte, an Stellen, die ich hundert Mal durchsucht hatte, immer wieder Fossilien gefunden. Aehnliches sagt AMEGHINO von Lujan. Derjenige Forscher, der in diesen Gegenden keine Fossilien entdeckt, wird auch da keine finden, wo noch Niemand nach solchen gesucht hat. Wer im Auffinden von Fossilien in den Pampas keine

---

[1] Beiträge zur Geologie und Paläontologie der Argentinischen Republik, p. 269.

Uebung besitzt, verliert die Zeit gewöhnlich mit der Untersuchung der Toscas. Ich habe mit Leuten, die sich Jahre lang hier aufgehalten, ja sogar über die Pampasformation geschrieben haben, kleinere Excursionen gemacht und beobachtet, dass sie über Glyptodon-Panzer (die doch gewöhnlich am ersten zu sehen sind) wegliefen und neben fossilen Knochen Toscas untersuchten, ohne die ersteren zu sehen. Die Knochen haben gewöhnlich ganz die Farbe des Gesteins und ragen nur wenig oder gar nicht über dasselbe hervor. Die Toscas, welche sehr oft die Form von Knochen haben, weichen dagegen in der Farbe von der Grundmasse ab, sodass der Unkundige in denselben Fossilien zu erblicken glaubt.

Die Pampas sind unstreitig sehr reich an fossilen Säugethierresten und werden in dieser Hinsicht nie erschöpft werden. Das Aufsuchen derselben ist jedoch mit sehr vieler Mühe verbunden und erfordert grosse Ausdauer. Wenn man 8 Tage lang in einer Gegend gesucht und nichts gefunden hat, was sich der Mühe lohnte nach Hause zu nehmen, so darf man sich die Mühe nicht verdriessen lassen, die Gegend später wieder zu durchsuchen; es kann vorkommen, dass man dabei eine so reiche Ausbeute macht, dass man glauben könnte, die Knochen wüchsen aus dem Boden. Die Fundstätten finden sich zumeist nur in den sogenannten Comederos und den Rios und Arroyos entlang, d. h. nur hier tritt der Löss zu Tage, während er sonst überall mit einer Humusschicht bedeckt ist. Hier finden nun beständig Veränderungen statt, indem neue Stellen entblösst und entblösste zugedeckt werden. Bei jedem starken Regen werden eine Masse von Fossilien abgedeckt und auch wieder sehr viele Knochen zerstört.

Ich bin ganz AMEGHINO's Ansicht, dass der grösste Theil der abgedeckten Thiere, die nicht von Sachkundigen ausgegraben werden, für die Wissenschaft verloren ist. Entweder werden sie von Landleuten gefunden und aus Neugier ausgegraben, wobei sie gewöhnlich verdorben werden, oder sie werden in den Wasserrinnen vom Regen zerstört, meistens aber wieder zugedeckt, um vielleicht nie mehr zum Vorschein zu kommen.

Früher kamen nur solche Fossilien in die Museen, welche durch Zufall gefunden wurden. DARWIN ist meines Wissens der Erste, welcher eine grössere Sammlung von fossilen, aus den Pampas stammenden Säugethierresten, die er auf seinen Reisen gesammelt hatte, nach Europa brachte. In Buenos Aires erweckten diese Thiere so sehr das Interesse FRANCISCO XAVIER MUÑIZ', dass er nach solchen suchte oder suchen liess. Eingehender beschäftigten sich BRAVARD und SEGUIN damit. Methode in das Sammeln brachte jedoch erst AMEGHINO. Er sah, dass es für die wissenschaftliche Bearbeitung nicht gleichgültig sein könne, ob dieselben aus oberen oder unteren Schichten stammen, und theilte die Pampasformation nach dem Gestein seines speciellen Forschungsgebietes in Stockwerke ein.

AMEGHINO hat sich unstreitig um die richtige Kenntniss der Fauna der Pampasformation die grössten Verdienste erworben. Er hat nicht blos mit Methode gesammelt, sondern er war auch sehr vorsichtig im Zusammenstellen der einzelnen Stücke. Es ist in dieser Hinsicht bis jetzt viel gesündigt worden. Vollständigere Skelette eines Individuums sind noch sehr wenige, solche, an denen gar keine Partie fehlt, noch keine gefunden worden. Gewöhnlich werden nur vereinzelte Theile eines Thieres gefunden. Man begnügte sich jedoch nicht damit, die einzelnen Skeletttheile so aufzustellen und zu beschreiben, wie sie aus der Erde kommen, sondern man construirte aus vereinzelten Stücken, von denen man vermuthete, dass sie zur gleichen Species gehören könnten, ganze Skelette. So sind Thiere entstanden, die in Wirklichkeit nie vorgekommen sind. Wir sehen in Museen Skelette aufgestellt, die nicht nur aus Knochen von Thieren verschiedener Species, sondern sogar aus solchen verschiedener Genera zusammengestellt sind. Im Museum von Mailand befindet sich z. B. unter dem Namen *Panochthus tuberculatus* ein Thier aufgestellt, dessen Panzer und Schwanz von einem Individuum des Genus *Panochthus*, der Schädel und Unterkiefer aber von einer Species des Genus *Glyptodon* herrühren. Der Schädel eines anderen dort befindlichen Skeletts, das den Namen *Doedicurus giganteus* trägt, hat am meisten Aehnlichkeit mit dem des *Glyptodon Damesi*, doch gehört derselbe, wenn er nicht etwa aus Stücken verschiedener Thiere construirt ist, einem Genus der *Biloricata* an, dessen Schädel noch nicht bekannt ist. Der Unterkiefer dagegen ist von einem *Panochthus*; die Füsse sind, soweit ich bei oberflächlicher Prüfung urtheilen konnte, aus Individuen der Genera *Panochthus* und *Glyptodon* zusammengesetzt; der Schwanz stammt entschieden von *Panochthus tuberculatus*; Knochen von *Doedicurus* habe ich an diesem Skelette nicht entdecken können.

Die meisten solcher „Kunstthiere", wie ich diese Dinge nennen möchte, befinden sich im National-Museum von Buenos Aires, und die dort ausgestellten Schätze dürften meines Erachtens nur als Schaustücke betrachtet und nicht für streng wissenschaftliche Arbeiten verwendet werden. Es sind nicht blos vollständige Skelette aus Knochen von Thieren verschiedener Species und Genera zusammengesetzt, sondern sogar einzelne Skeletttheile, wie Schädel, Gliedmaassen, Panzer etc. Die Fragmente sind so geschickt mit Gyps zusammengepasst, dass sie nicht blos der Laie für echt hält, sondern sogar der Fachmann irre geleitet werden kann. Von den meisten Skelettteilen weiss man nicht, aus wie vielen Stücken verschiedener Individuen sie zusammengestellt sind, ja dieselben können sogar aus oberen und unteren Schichten der Pampasformation stammen. Hierüber sind gar keine Angaben vorhanden. Ich könnte hier eine Menge Beispiele anführen, wie Thiere zusammengestellt worden sind aus Knochen von Individuen verschiedener Genera, zwar nicht in unlauterer Absicht, sondern aus ungenügender Sachkenntniss. Es werden sehr oft Knochen zur Ergänzung vollständiger Skelette verwendet, die anscheinend nur kleine individuelle Abweichungen von denselben zeigen; gewöhnlich aber stellt sich später bei weiteren Funden heraus, dass diese Abweichungen charakteristisch sind für früher nicht gekannte Species, ja sehr oft werden sie sogar charakteristisch für ganze Genera. Ich komme immer mehr zu der Ueberzeugung, dass man durchaus nicht einzelne Stücke, wie z. B. Schädel aus Knochenfragmenten von verschiedenen Individuen zusammenflicken sollte, selbst dann nicht, wenn man sicher ist, dass sie zu gleichen Species gehören. Lieber das fehlende Stück durch Gyps ersetzen, dann weiss man doch, dass es nicht echt ist; im anderen Falle bestehen immer Zweifel. Auch bei Vervollständigung ganzer Skelette durch vereinzelte Knochen von anderen Thieren sollte genau und für Jedermann sichtbar angegeben werden, welche Stücke von anderen Individuen herrühren.

Es liegt mir fern, Herrn Burmeister's Verdienste schmälern zu wollen, er hat mit grossen Schwierigkeiten zu kämpfen: da er nicht selbst sammelt, so muss er sich mit den Stücken zurecht finden, die ihm in's Museum gebracht werden. Er geht von der Ansicht aus, dass die Stücke besser zur Geltung kommen, wenn er sie, auf wissenschaftliche Grundlage gestützt, zusammen vereinigt aufstelle. Wenn Sammler vereinzelte Stücke zu einem Ganzen zusammenstellen, so hat dies noch einen Zweck, wenn auch einen verwerflichen. Sie können vollständigere Skelette leichter und zu höheren Preisen an den Mann bringen als die einzelnen Stücke, wie sie in der Erde gefunden werden. Auch ich habe hierin schon Erfahrungen gemacht. Viele Museen wünschen schöne, grosse Schaustücke, während sie für unverdorbenes Material wenig Interesse zeigen.

Selbstverständlich muss unter solchen Umständen die richtige Kenntniss der Säugethier-Fauna aus der Pampasformation weit hinter derjenigen der marinen Schichten Europas zurückstehen, wenn auch einige sehr gewissenhafte Gelehrte bei deren Bearbeitung mitgewirkt haben. Reinhardt hat sich z. B. damit begnügt, nur den Schädel des *Grypotherium* zu beschreiben, während er doch einen grossen Theil des übrigen Skeletts besass, weil die Knochen auf dem Transport mit anderen gemischt worden waren, sodass er nicht sicher feststellen konnte, welche zu dem betreffenden Schädel gehörten. Wenn er zu seinen Lebzeiten das Material zur Verfügung gehabt hätte, welches jetzt im Besitze des Museums in Kopenhagen ist, so würde es um die richtige Kenntniss der Fauna der Pampasformation ganz anders bestellt sein. Denjenigen Gelehrten, welche sich mit der Sache beschäftigen könnten, fehlt es an genügendem und gutem Material, um mit Erfolg arbeiten zu können. Erst dann wird man aus der Fauna der Pampasformation Schlüsse für die Abstammungslehre ziehen können, wenn grosse und unverdorbene, Doubletten enthaltende Sammlungen, die von zuverlässigen Sammlern in den Pampas gesammelt worden sind, in die Hände strenger und gewissenhafter Fachgelehrter kommen.